Oswald J. Smith

Der Mensch, den Gott gebraucht

Oswald J. Smith

Der Mensch, den Gott gebraucht

Brunnen Verlag · Basel und Gießen

Gestern gesagt – heute gefragt Nr. 3

12. unveränd. Auflage
Umschlag Klaus H. Wever

Druck: Zobrist & Hof AG, Liestal

ISBN 3 7655 5903 2

INHALTSVERZEICHNIS

Kapitel I

EIN GEBURTSTAGSGEBET

Am 8. November 1927, meinem 38. Geburtstag, betete ich: „Herr, mache mich zu einem Mann nach deinem Herzen!" Die tägliche Arbeit rückte aus meinem Blickfeld. Dinge, die mir vorher so wichtig erschienen waren, traten zurück. Alles, was mich bisher interessiert hatte, wurde jetzt zweitrangig, und es kam nur noch auf mein eigenes inneres Leben vor Gott an. Ich ging an diesem Tag in meinem Arbeitszimmer auf und ab und betete: „Herr, mache mich zu einem Menschen nach deinem Herzen!"

Wie nie zuvor erkannte ich, daß das Große in meinem Leben nicht die Arbeit war, die ich tat, nicht die Bücher, die ich schrieb, oder die Predigten, die ich hielt, auch nicht die Menschenmengen, die sich unter meiner Kanzel versammelten, noch der erzielte Erfolg. Es ging um das Leben, das ich lebte; um die Gedanken, die ich dachte, um Herzensheiligkeit und praktische Gerechtigkeit, mit einem Wort: Es ging um meine Umwandlung durch den Geist in Christusähnlichkeit. Mit neuer und tieferer Bedeutung standen vor mir die Worte: „Laß mich näher bei Gott sein!", und mein Herz verlor sich in einem Angstschrei um solche Erfahrung. „Daß ich ihn erkenne", betete der große Apostel. „Christus in euch", sagt er, und dann „Christus in mir." Ja, „Noah wandelte mit Gott", „Henoch wandelte mit Gott". Warum nicht ich? Bin ich nicht wertvoller für Gott als meine Arbeit, mein Besitz? Gott will mich, nicht nur meinen Dienst.

Danach trieb er mich ins Gebet, das Gebet, daß er mich zu einem Mann nach seinem Herzen mache, und dies waren meine Bitten: Herr, hier sind meine Hände. Ich übergebe sie dir. Laß sie nie etwas berühren, das sie nach deinem Willen nicht berühren sollen, oder etwas tun, das dich entehren könnte. Und hier sind meine Füße; ich gebe sie dir. Laß sie nie einen Weg gehen, auf dem du nicht zu sehen bist. Hier, Herr, sind meine Augen. Laß sie nie etwas sehen, das deinen heiligen Geist betrüben könnte. Laß meine Ohren nichts hören, das deinen Namen verunehrt. Laß meinen Mund nichts aussprechen, das du nicht hören darfst. Laß meinen Verstand keinen Gedanken und meinen Sinn keine Vorstellung festhalten, die das Bewußtsein deiner Gegenwart trüben könnten. Laß mein Herz keine Liebe kennen und keine Gefühle hegen, die nicht von dir sind. Amen."

Ich erkannte, daß Gott meine ungeteilte Aufmerksamkeit erwartete. Alles andere mußte zurücktreten. Freunde und Angehörige, Heim, Geld, Arbeit – alles legitim –, alles mußte Christus übergeben werden; meine ungeteilte Aufmerksamkeit mußte sich Tag und Nacht auf ihn richten. Gott zuerst! – das mußte meine Einstellung ihm gegenüber sein. Nur so würde er mich segnen und gebrauchen können. Nur so würde ich sein liebendes Herz zufriedenstellen können. Ich erkannte, daß nichts und niemand zwischen Gott und mich treten durfte. So wie in der Ehe dem Mann als ersten die Zuneigung seiner Frau gehört und umgekehrt, so muß Gott in meinem Herzen den ersten Platz einnehmen, und wie eine Ehe nicht glücklich sein kann, wo sich Mann oder Frau nicht ungeteilt einander zuwenden, so kann auch meine Gemeinschaft mit Gott nur dann vollkommen sein, wenn ich mich ihm ungeteilten Herzens zuwende. Er will, daß ich ununterbrochen mit ihm rechne.

Was er an jenem Tage von mir forderte, fordert er von jedermann. Könnte es sein, daß wir ihm sein Recht verweigern? Gibt es irgend etwas auf dieser Welt, das einer solchen Zuwendung wert wäre wie die, die er bei uns sucht?

Warum geben wir ihm dann nicht, wonach er verlangt?

Kann wahre Freude außer bei Gott gefunden werden? Können wir mit „Dingen" glücklich sein? Können „Dinge" uns zufriedenstellen? „Niemand lebt davon, daß er viele Güter hat“ (Lukas 12,15). Gott schuf uns für sich. Ihn verlangt nach unserer Gemeinschaft, nach Verbindung mit uns. Wir sollen Augenblick um Augenblick mit ihm leben, hier mitten unter gottlosen und abartigen Zeitgenossen in einer Welt, die für ein abgesondertes Leben im Heiligen Geist kein Verständnis hat; in einer Welt, die unseren Herrn gekreuzigt hat und deren Gott Satan ist, als Pilger und Fremdlinge leben — das ist sein Plan und seine Bestimmung für uns.

Können wir es nun noch ertragen, ihn zu enttäuschen; kann es uns gleichgültig lassen, ob wir seine Zustimmung haben?

Gott will uns hundertprozentig für sich haben. So erhebt sich die Frage: gehören wir Jesus Chrisus durch und durch? Sind wir ganz Gottes Eigentum? Nicht nur neunzig-, sondern hundertprozentig, vollständig Gott übergeben? Wir wollen Ihn bitten, daß Er uns von den „Dingen“ löse, uns frei mache von der Welt, von unseren Familien und Heimen, von allem, was die Schrift als „Fleisch“ bezeichnet. Wir wollen Ihn bitten, daß Er uns so freimacht, daß wir Ihm unsere ungeteilte Aufmerksamkeit schenken können. Da ist vieles im „Fleisch“, das unser gutes Recht ist. Können wir um des Reiches Gottes willen, um ganz Sein eigen zu sein, auch darauf verzichten? Können wir gehorsam sein, auch wenn z. B. der Dienst eine Trennung von unseren Angehörigen für längere Zeit notwendig macht? Vermögen wir uns in Seiner Gnade so über die Welt und das „Fleisch“ zu erheben, daß wir Jesus selbst finden durch seinen in uns wohnenden Geist, der uns befähigt, durch und durch für Ihn zu leben, so daß wir mit dankerfülltem Herzen ausrufen können: „Jesus genügt“? Das ist es, was er mich gelehrt hat, und das meine ich, wenn ich davon spreche, ganz Gott zu eigen zu sein, durch und durch abgesondert für Jesus Christus, hundertprozentig für ihn, um so ein Mensch nach Seinem eigenen Herzen zu werden.

Ein Mensch nach dem Herzen Gottes zu sein heißt also, Gott an die erste Stelle zu setzen, allzeit vor Ihm zu leben, nichts zu tun, was ihm mißfallen, und nichts zu erlauben, das ihn betrüben würde. Ein Leben praktischer Gerechtigkeit und Heiligkeit vor ihm zu leben, ihm unsere ungeteilte Aufmerksamkeit zu schenken und ihn über alles zu lieben.

Wir wissen, daß David ein Mann nach dem Herzen Gottes war! Wenn er nach seinem Fehltritt trotzdem solch ein Mensch sein konnte, warum nicht auch ich, auch du? „Daniel nahm sich in seinem Herzen vor, sich nicht zu verunreinigen" (Dan. 1, 8). Laßt uns aufrichtigen Herzens etwas „vornehmen", Gott wird die Kraft zum Vollbringen geben!

So werden wir christus-ähnlich. Und das ist Gottes höchstes Ziel mit uns, daß wir sein sollen wie sein Sohn, verwandelt in dasselbe Bild. Er ist traurig, wenn man schon seit zehn Jahren gläubig ist und dann seinem Herrn noch nicht ähnlicher geworden als am Tage der Bekehrung. Es gibt Menschen, die sechs Monate nach ihrer Errettung dem Retter mehr gleichen als solche, die schon sechs Jahre auf dem Wege sind. Nur die, die viel Zeit in seiner Gegenwart verbringen, werden Ihm ähnlich werden. Nur die, die sich ungeteilten Herzens ihm zuwenden, werden ihn wirklich kennenlernen.

Um sein Bestes zu erhalten, müssen wir ihm unser Bestes geben. Um Männer und Frauen nach seinem Herzen zu werden, müssen wir uns ganz nach ihm ausrichten. Um zu gewinnen, müssen wir uns ausliefern: um zu leben, müssen wir sterben, um zu empfangen, müssen wir aufgeben.

Wie groß ist die Herrlichkeit eines solchen Lebens, die Freude seiner Gemeinschaft! Nichts Gleichwertiges gibt es auf der Erde. Aller Erfolg der Welt bietet dafür keinen Ersatz. Er ist „die Lilie des Tales", der „helle Morgenstern", „die Rose von Saron", der „Oberste unter den Zehntausend", „der Eine in allem Liebliche". Freunde können uns nicht soviel bedeuten, selbst Angehörige enttäuschen. Geld bringt seine Lasten und Ruhm seine Bitterkeit, Er aber sättigt. Gott kann nicht enttäuschen. Mit ihm leben ist die herrlichste Erfahrung. Zu wissen, daß alles in Ordnung ist, nichts zwischen ihm und mir, keine dunkeln Wolken der Sünde, die sein Angesicht verbergen — das ist wahrhaftig der Himmel.

Darum laßt uns beten, es anstreben und leben: „Herr, mach mich zu einem Menschen nach Deinem Herzen."

„Freude ganzer Übergabe
strömt durch alle meine Glieder,
alles, was ich kann und habe,
leg vor seinem Thron ich nieder."

Kapitel II

DAS LEBEN IN DER ABSONDERUNG

Es hat wohl kaum eine Zeit gegeben, in der die Betonung der Absonderung nötiger gewesen wäre als heute. Die Welt ist so kirchlich, die Gemeinde so weltlich geworden, daß man beide kaum voneinander unterscheiden kann. Die Trennungslinie ist völlig verwischt. Gemeinden, in denen früher Erweckungen gediehen und deren geistliches Leben einst tief und stark war, sind heute nur noch soziale Mittelpunkte, über die Gott längst das Wort „Ikabod" geschrieben hat. „Die Herrlichkeit ist vergangen."

Man scheint heute der Meinung zu sein, daß man sich mit der Welt vermischen und ihr ähnlich werden muß, um Menschen ansprechen und Seelen gewinnen zu können. Wenn aber einer in einen tiefen Brunnen gefallen ist, so wird es keinem anderen auch nur im Traume einfallen, zu ihm hinunterzuspringen, um ihn herauszuholen. Er wird obenbleiben und von oben ein Seil oder eine Leiter hinunterlassen, um dem anderen so herauszuhelfen.

So auch hier! Menschen, die Seelen gewonnen und dem Leben anderer eine neue Richtung gegeben haben, sind immer solche gewesen, die ungeachtet der Masse ihren Weg mit Gott gingen und von einer geistlichen Höhe aus andere zu sich emporgezogen haben. Der einzige Weg, andere zu gewinnen, ist, selbst anders zu sein, sie anzuziehen durch etwas, was ihnen fehlt – durch die Herrschaft Gottes in uns auch andere zu bestimmen.

Wäre Abraham mit Lot nach Sodom gezogen, sein Einfluß hätte nur wenig ausgerichtet. Als er sich aber von ihm getrennt hatte und mit Gott auf dem Hochland des Glaubens weilte, erwirkte seine Fürbitte die Befreiung Lots. Wir wollen uns lösen von der Welt und allein mit Gott leben.

Außerdem erwartet die Welt von den Gläubigen, daß sie anders sind als sie. Sie hat ihre eigene Vorstellung vom Leben eines Heiligen, und selbst, wenn es ihr gelingt, uns auf ihre Ebene hinunterzuziehen, so lacht und spottet sie nur über unsere Niederlage. Wir werden nicht länger anerkannt, noch wird unsere Stellung geachtet. Wir sind dann genau nicht besser als die anderen.

Eine junge Frau, die gern tanzen ging, wollte diese Gelegenheit zu einem Zeugnis wahrnehmen. Während sie mit ihrem Partner über das Parkett glitt, wandte sie sich plötzlich mit der Frage an ihn, ob er ein Christ wäre.

„Ein Christ? – Nein! Sind Sie denn einer?" rief er voll Erstaunen aus.

„Ja", antwortete sie, „ich bin gläubig."

„Warum um Gottes willen sind Sie dann hier?" war die unerwartete Antwort.

Die Welt erwartet eben von den Gläubigen, daß sie anders sind als sie. Wie sollte man sonst auch erkennen, wer wozu gehört? Wenn es keine Unterscheidungslinie gibt, wie sollen die Menschen wissen, auf welcher Seite wir stehen? Wenn wir uns kleiden und handeln wie die Welt, wie kann man feststellen, ob wir Christen sind oder nicht? Es muß ein Unterschied da sein.

Absonderung ist schon immer der Weg Gottes mit dem Menschen gewesen. Abraham mußte Land und Vaterhaus verlassen und in völliger Einsamkeit in die Fremde ziehen. Moses weigerte sich, Sohn der Tochter Pharaos genannt zu werden, und zog die Trübsal des Volkes Gottes dem vorübergehenden Genuß der Freuden der Sünde vor. Er achtete die Schmach Christi höher als die Schätze Ägyptens. So auch die Israeliten. Sie waren völlig abgeschieden von den in ihrer Nachbarschaft wohnenden Völkern als auserwähltes Volk Gottes. Als nach Esra 9, 10 und Nehemia 13 diese Trennung durch Mischehen aufgehoben wurde, kannte Gott keine Milde. Die heidnischen Frauen mußten hinausgetan und eine Trennung ernstesten Charakters wieder vollzogen werden.

Absonderung ist noch immer der Ruf Gottes. „Darum gehet aus von ihnen und sondert euch ab", spricht der Herr, und „Ziehet nicht am fremden Joch mit Ungläubigen" (2. Kor. 6, 14—18).

Wir wollen uns unserer Eigenart bewußt werden. Nach der Schrift sind wir „Pilger und Fremdlinge", „Gäste", ein himmlisches Volk in einem fremden Land. Die Welt hier ist nicht unsere Heimat.

„Hier bin ich ein Pilger nur,
der aus weiter Ferne
mit so mancher Kampfesspur
heimwärts zieht so gerne.
Mein Herr wird sicher mich tragen
nach diesen Erdentagen."

Haß und Feindschaft ist die Haltung der Welt dem wahren Gotteskind gegenüber. „Wäret ihr von der Welt, so hätte die Welt das Ihre lieb; weil ihr aber nicht von der Welt seid, haßt euch die Welt" (Joh. 15, 19). Wie steht es damit? Haßt uns die Welt? Wenn wir nicht von ihr sind, nicht zu ihr gehören, sondern deutlich zeigen, daß wir uns als „Pilger und Fremdlinge" fühlen, werden wir sehr schnell erfahren, daß die Welt uns haßt. Es hängt also allein von unserer persönlichen Haltung der Welt gegenüber ab.

Das Zeugnis eines abgesonderten Lebens liegt in der Haltung des Herzens der Welt gegenüber begründet, nicht in unseren Handlungen. „Habt nicht lieb die Welt, noch was in der Welt ist. So jemand die Welt liebt, in dem ist nicht die Liebe des Vaters" (1. Joh. 2, 15). — Es ist also nicht nötig, sich mit den Dingen dieser Welt abzugeben. Die Frage ist nur, ob wir es nicht vielleicht wollen. Wie steht das bei uns? Ist noch ein Verlangen nach der Welt in uns? Lockt und reizt sie uns noch? — Dann haben wir noch keine Absonderung des Herzens erfahren.

Hört: „Ihr abtrünningen und gottlosen Seelen,*) wisset ihr nicht, daß der Welt Freundschaft Gottes Feindschaft ist? Wer der Welt Freund sein will, der wird Gottes Feind sein" (Jak. 4, 4). Das ist eine unmißverständliche Sprache für die weltlichen Christen. Gott erklärt den Freund der Welt zu seinem Feind. Wer die Welt liebt, der liebt Gott nicht. — Wie stehe nun ich zu den Dingen? Liebe ich Gott oder die Welt, das ist die wichtige Frage. Bin ich Gottes Freund oder der Welt Freund? Könnte man die Bezeichnung „abtrünnig und gottlos" auch auf mich anwenden? Was ist die wahre Haltung meines Herzens der Welt gegenüber? Nicht meine Handlungen, sondern meine Gedanken, Wünsche und Neigungen entscheiden.

Angenommen, eine Frau würde einen Sonntag mit ihrem Mann zusammen leben, die ganze Woche in der Gesellschaft anderer Männer verbringen und am nächsten Sonntag wieder zu ihrem Gatten zurückkehren. Was würden wir von ihr den-

---

*) Bei Luther: „Ehebrecher und Ehebrecherinnen . . ."

ken, wie würden wir sie bezeichnen? Wie lange würde der Ehegatte sich darein fügen? Und doch behandelt der „weltliche Christ" seinen Herrn genau so. Sechs Tage in der Welt und dann einen mit Christus. Kein Wunder, wenn so ein Mensch in Jakobus 4, 4 „gottlos und abtrünnig" genannt wird. Was für ein schimpfliches Leben, Gemeinschaft mit den Feinden Gottes zu haben! Das sieht Gott als Treulosigkeit an. Der „weltliche Christ" ist in seiner Haltung der treulosen Frau sehr ähnlich. Muß das sein, daß ein Gotteskind mit einer Hure verglichen wird? So aber bezeichnet es doch die Schrift. Wir wollen die Stellen 1. Joh. 2, 15 und Jak. 4, 4 sehr sorgfältig erwägen und darüber nachsinnen. Das Alte Testament ist besonders in den Propheten voll von diesen Vergleichen. Absonderung ist der einzige Ausweg.

Leben in der Absonderung bedeutet Trennung von

1. *Weltlichen Freuden*

Das war auch die Wahl des Moses, als er die Freuden der Sünde verwarf (Hebr. 11, 24–26). Tanzen, Karten-, Theaterspiel und ähnliche Dinge sind nicht von Gott, sondern von der Welt. Sie wurden nicht von geistlichen und geheiligten Männern eingeführt, sondern von Menschen der Welt. Der Weltgeist durchdringt darum auch diese Freuden, und Gebet und Zeugnis inmitten all dieser Dinge sind unmöglich. Sie passen einfach nicht zusammen. Menschen, die sich zu solchen Vergnügungen drängen, besuchen keine Gebetsversammlungen, ganz davon zu schweigen, daß sie innerlich gar nicht daran teilnehmen können. Sie sind uninteressiert an dem geistlichen Werk der Gemeinde. Deshalb muß die Zeit kommen, da der wahre Christ bereit ist, diesem klaren und ausdrücklichen Befehl zu gehorchen: „Gehet aus von ihnen und sondert euch ab und rühret Unreines nicht an."

„Fahr dahin, alle Welt, fahr dahin,
nicht mehr steht nach dir mein Sinn!

Was ist dein Getriebe gegen Gottes Liebe!
Meine Seele ruht gern
unterm Kreuz ihres Herrn.
Erfüllung ist mir Seine Liebe."

2. Bindungen an die Welt

„Ziehet nicht am fremden Joch mit Ungläubigen." Kein Wort könnte klarer, kein Befehl nachdrücklicher sein. Gott kann das ungleiche Joch nicht gutheißen.

a) Geschäftsverbindungen

Ein Christ, der mit einem Ungläubigen oder einem sogenannten weltlichen Christen eine Partnerschaft eingeht, nimmt ein gefährliches Risiko auf sich. Kein Wunder, wenn so viele Geschäftsunternehmungen mißglücken. Dem klaren Wort der Schrift nicht zu gehorchen, heißt hier das Unglück heraufbeschwören. Wie kann Gott segnen, was er verdammt hat?

b) Logen

Geheimgesellschaften sind das Unglück der Kirche. Die Loge mag für den Weltmenschen gut sein, für das Kind Gottes sollte die Gemeinde Christi alles bedeuten.

In den Geheimgesellschaften finden sich Menschen, die die Gottheit Jesu leugnen. Man kann den Namen Jesu nicht nennen, ohne Anstoß zu erregen. Und ich meine, wo kein Platz für meinen Herrn ist, da ist auch kein Platz für mich. Ich kann nirgendwo hingehen, wo er hinausgewiesen wird.

Gott hat klar gesagt: „Ziehet nicht am gleichen Joch mit Ungläubigen" – Komm heraus und löse dich von ihm! Gott hilft uns gehorchen.

Aber du sagst: „Was ein Maurer war, bleibt ein Maurer." O nein! Keineswegs! Das ist ein menschliches Gesetz, das Gott nie bestätigt hat. Nein, mein Bruder, du kannst dich daraus lösen, du kannst dich lossagen, jedes satanische Gelübde brechen, das du ablegtest, bevor deine Augen geöffnet wurden, und hineingehen in das helle Licht des Wortes Gottes, das dich für alle Zeiten von jeder geheimen Bindung befreit.

c) Ehebindungen

Wie viele haben bekannt, daß der Grund all ihres Eheunglücks darin liegt, daß sie Gott ungehorsam waren und das ungleiche Joch auf sich nahmen. Gottes Wort ist auch hier sehr klar: „Sie ist frei, zu heiraten, wen sie will, nur in dem Herrn" (1. Kor. 7, 39). „Nur in dem Herrn." Jemand zu heiraten, der nicht in dem Herrn ist, wird immer Enttäuschung bereiten. Wie kann Gottes Segen auf einem Heim ruhen, bei dessen Gründung sein Wort übertreten worden ist?

Viele junge Frauen sahen sich diesem Problem gegenübergestellt und mußten ihr Verlöbnis aufgeben. Andere, die auf ihrem Ungehorsam bestanden, haben es in ihrem späteren Leben bitter bereuen müssen.

Auch der Einwand, gerade durch die beabsichtigte Heirat den Gatten für den Herrn zu gewinnen, kann keineswegs gelten. Wenn es einem Mädchen nicht vor der Ehe gelingt, bei ihrem zukünftigen Gatten eine Umkehr zu erwirken, so darf sie nur wenig Hoffnung hegen, daß er sich später bekehren wird.

Bitte, liebe Mitarbeiter im Werk des Herrn, um euer selbst willen: Werdet dem Wort Gottes nicht ungehorsam und zieht nicht am fremden Joch. Es mag euch jetzt hart erscheinen, aber seid dessen gewiß: Gott hat einen viel besseren Plan für euer Leben. Sein Wort mißachten ist immer gefährlich. Gehorsam aber bringt Frieden und Rettung. Wir brauchen kein Wort darüber zu verlieren, was das bessere ist. Deshalb noch einmal: „Zieht nicht am fremden Joch mit den Ungläubigen!"

3. *Weltliche Gesellschaften*

Auch hier muß ein Bruch erfolgen. Freunde aus der Welt werden an den Gebetsstunden der Gläubigen keinen Gefallen finden, während die Gotteskinder sich an deren Vergnügungen nicht erfreuen können. Früher oder später werden sie geistlich abstumpfen, falls nicht rechtzeitig eine völlige Trennung eintritt. Es ist schwierig, mit Feuer zu spielen, ohne sich zu verbrennen.

Du fragst nun, wie du sie wohl aufgeben kannst. Kind Gottes, du brauchst sie gar nicht aufzugeben. Führe du ein geistgewirktes Leben, und sehr schnell werden sie dich verlassen. Sie werden sich in deiner Gesellschaft genau so wenig wohlfühlen wie du dich in der ihren.

Such dir Freunde unter den Gotteskindern. Ob sie braun oder gelb, schwarz oder weiß sind, du wirst sie wertvoller und die Verbindung mit ihnen viel enger und fester finden als die mit der christusfernen Blutsverwandtschaft. Sie werden selbst dort Verständnis für dich haben, wo es den eigenen Familienmitgliedern fehlt. Solche auf Christus gegründete Freundschaften können nicht gebrochen werden, selbst der Tod kann sie nicht auflösen. Deshalb such dir Freunde, mit denen du in alle Ewigkeit verbunden bleiben kannst.

Das Geheimnis eines Lebens in der Absonderung liegt in der „Triebkraft einer neuen Leidenschaft". Nie werde ich den Tag vergessen, an dem Grace Armstrong sich bekehrt hat. Es war in einer Sonntagnachmittagsversammlung in Chicago. Sie glitt einfach auf ihre Knie und schluchzte, als ob ihr das Herz brechen wollte. Niemand konnte sie trösten. Als sie dann hinausging, erzählten ihr ihre Freundinnen, daß dieser Zustand wohl bald vorübergehen würde.

„Nein, das wird nie vorübergehen", antwortete Grace. Wenn sie von jungen Männern angerufen und ins Theater eingeladen wurde, gab sie ohne Zögern einen abschlägigen Bescheid. In einem einzigen Augenblick war das Alte vergangen. Sie liebte nicht länger die Freuden der Welt — alles war neu geworden. Christus trat in ihr Herz — sie hatte eine neue Leidenschaft. Sie liebte die Gebetsstunden, das Singen für ihren Heiland auf den Straßen, ihren persönlichen Dienst und das Gotteshaus. Es gab keine Kämpfe, keine Fragen zu beantworten, keine Probleme zu lösen. Als der Herr in seiner Herrlichkeit in ihr Leben trat, verschwand daraus die Welt. Sie hatte keinen Raum mehr in diesem Leben. Grace ist jetzt beim Herrn, aber ein herrliches Zeugnis hat sie vor ihrem Heimgang abgelegt.

Als ich Missionar unter den Indianern Alaskas war, lebten wir eine Zeitlang von den sogenannten „Schuhsohlen". Ich glaube, daß Hundekuchen der in zivilisierten Gegenden gebräuchliche Name dafür gewesen wäre. Nun, sie waren hart – so hart, daß ich sie nur dann mit meinen Zähnen beißen konnte, wenn ich sie vorher aufgeweicht hatte. Trotzdem genoß ich sie mit Vergnügen.

Es kam aber der Tag, an dem ich in die zivilisierte Welt zurückkehrte und wieder Brot und Butter zu essen bekam. Glaubst du, daß ich mich seitdem jemals wieder nach dem „Hundekuchen" gesehnt habe? Nie mehr hat es mich nach den alten Tagen verlangt, nie mehr habe ich nach den „Schuhsohlen" geschrien. Einfach, weil ich etwas Besseres gefunden hatte.

Wenn du willst, kannst du „Hundekuchen" haben. Ich für mein Teil ziehe Butterbrot vor. Ich möchte das Beste haben. Und Gott sei Dank, in der Erfahrung der Wiedergeburt durch den Heiligen Geist sind wir vollkommen zufriedengestellt. Uns verlangt nicht mehr nach den Dingen dieser Welt. So wird Absonderung leicht. Es ist nicht schwer, sich etwas zu verweigern, was man gar nicht wünscht. Es geht um die „Triebkraft einer neuen Leidenschaft". Laß Jesus Christus ein in seiner ganzen Fülle, öffne dein Herz dem Heiligen Geist, laß Gott in dir Wohnung nehmen, und du wirst gerne außerhalb des Lagers mit ihm gehen und seine Schmach tragen.

Kapitel III

DER GÖTTLICHE TEST

„Liebst du mich?" Diese Frage kam erschreckend, und die kleine Gruppe, die sich um das Feuer am Ufer des galiläischen Sees lagerte, warf einen überraschten Blick auf das Gesicht des Sprechers. Ruhig saß Er da, erwartungsvoll, die prüfenden Augen nur auf den einen gerichtet, an dessen Antwort ihm so viel gelegen war.

Die erste Dämmerung stahl sich leise über die Berge im Hintergrund, einen neuen Tag anmeldend und die Dunkelheit der Nacht vertreibend. Außer dem Wellenschlag das Ufer entlang und dem gelegentlichen Schrei eines einsamen Seevogels durchbrach kein Laut die Stille des frühen Morgens. Die ganze öde Nacht hindurch hatten sie sich mit ihren Netzen abgemüht und nichts gefangen. Als es dann zu dämmern begann, stand eine Gestalt fremd und geheimnisvoll am Ufer. Entmutigung und Müdigkeit gaben der Furcht Raum. Mit schmerzenden Augen versuchten sie den aufsteigenden Nebel zu durchdringen, aber vergeblich. Bis plötzlich der Jüngste unter ihnen die schweigende, geistähnliche Gestalt erkannte und ausrief: „Es ist der Herr!" Wie der Blitz springt Petrus, der arme, reuige Petrus in das Wasser. Sein Herz war erfüllt von einer fast übermenschlichen Hingabe. Mit großen, kraftvollen Schlägen erreicht er das Ufer. Die anderen folgen und ziehen das Netz ein. Ein Kohlenfeuer brennt und Fische werden gekocht. Kein Wort fällt, bis der Meister selbst einlädt: „Kommt und eßt!" Ruhig wird gegessen. Alles ist still. Schrekken und Verehrung machen das Sprechen unmöglich. Endlich bricht Jesus mit den Worten unseres Textes noch einmal die Stille: „Liebst du mich?"

An Petrus sind sie gerichtet, den großen, ungeschickten Petrus, der Ihn so kurz vorher noch verleugnet hat, dann hinausging und bitterlich weinte. Er wollte ihn prüfen. Dreimal mußte Petrus seine Hingabe bekennen, für seine dreimalige Verleugnung. Er wollte ihn erproben in der höchstmöglichen Art, der „göttlichen Prüfung": „Simon, Sohn des Jona, liebst du mich?" Er beruft sich auf jene höhere Liebe, die Liebe des Intellekts oder Willens, nicht die menschliche Gefühlsbewegung.

Aber Petrus ist seiner selbst nicht sicher. Einmal hat er gefehlt, er könnte wieder fehlen. So wagt er nicht, die höhere Zusage, die in der Frage seines Herrn liegt, zu geben, sondern benutzt das Wort, das nur gefühlsmäßige Liebe oder Anhänglichkeit ausdrückt: „Ja, Herr, du weißt, daß ich dich lieb habe." Wieder wird die Frage gestellt. Die Antwort ist die gleiche. Dann nimmt der Meister das Wort des Petrus an, und da er sieht, daß sich Petrus nicht zu seiner Forderung emporhebt, fragt er zum dritten Male und gebraucht jetzt auch das Wort, das menschliche Liebe ausdrückt: „Simon, Sohn des Jona, hast du mich lieb?" Und Petrus, der große tapfere Petrus, dessen Herz fast zerspringt bei dem Gedanken, daß der Herr ihn anzweifelt, erwidert mit fliegenden Pulsen und zitternder Stimme: „Herr, du weißt alle Dinge, du weißt auch, daß ich dich lieb habe."*)

Wir haben diese Frage die göttliche Prüfung genannt. Aber war es wirklich die höchste Erprobung von Hingabe und Treue? War es wirklich das unumstößliche Bekenntnis von Menschenlippen? Gibt es kein Größeres? Sollte Jesus einen Fehler gemacht haben? Das Leben des Petrus zeigt nichts von einem solchen Irrtum, und Jesus wußte sehr wohl, weshalb er seine Frage so formulierte. Er war gewillt, alles auf diese einfache

---

*) In den beiden ersten Fragen des Herrn wird im Griechischen das Wort für göttliche Liebe „agape" verwandt, während Petrus mit „philein" antwortet, was menschliche Liebe ausdrückt. Erst bei der dritten Frage bedient sich auch der Herr des Wortes „philein".

Frage zu gründen, und er wußte, was er tat, wenn er diese in jeder Sprache wesentlichste Frage stellte. Und heute, nach fast neunzehnhundert Jahren, können wir immer noch diese Frage als die „göttliche Prüfung" unseres geistlichen Lebens ansehen.

Es gibt drei Dinge, in denen die Worte „Liebst du mich?" zur wirklichen Prüfung werden. Die erste Prüfung gilt der Jüngerschaft.

Gott prüft die Jüngerschaft

Tag für Tag, durch die Jahrhunderte hindurch, hat der Herr Männer und Frauen an sich gebunden, und zwar nicht durch Kraft oder Gewalt, sondern durch Liebe. Satan war bereit, Ihm die Königreiche der Welt zu geben, vorausgesetzt, daß Er sich ihm unterwarf. Jesus aber wußte, daß es nicht des Vaters Wille war, die Menschen zum Gehorsam ihm gegenüber zu zwingen. Er wollte locken, nicht zwingen. Die Menschen sollten ihn aus eigenem Antrieb wählen, aus Liebe sollten sie gewonnen werden. Solche Einheit würde viel enger, fester und dauerhafter sein als erzwungener Gehorsam. Liebe hatte ihn auf die Erde gebracht, Liebe hatte ihn veranlaßt, für ein verlorenes Geschlecht zu sterben — und wiederum nur Liebe sollte es sein, mit der er Männer und Frauen zu sich ziehen würde. Könnte irgendein Treueid stärker sein als die einfache Frage: „Liebst du mich?"

Kein Wort verliert er bezüglich der hundert Fragen, die sich natürlicherweise ergeben würden. Lehre, Dogma, Glaubensbekenntnis, Theologie — kein Wort. Sünde, Buße, Dienst nicht eine Silbe. Nur eine einzige Frage stellt er, obwohl es seine letzte Möglichkeit zu einer Aussprache mit den Jüngern ist, denn bald schon wird er weggehen. Wäre das nicht die beste Gelegenheit gewesen, Verhaltungsmaßregeln zu erteilen und Vorschriften zu machen? Nichts dergleichen. Gibt es keine weiteren Bedingungen für einen Jünger als das „Ja" zu Seiner Liebe? Ist da kein Glaubensbekenntnis oder ein Kirchenstatut, das angenommen werden muß? Nein – nichts! Und warum nicht? Weil die Frage: „Liebst du mich?" alles enthält und ausdrückt. Die Hauptfrage wird für alle dieselbe bleiben, und sie wird zu allem führen, was notwendig ist.

Tausende sind heute tätige Gemeindeglieder, prächtige Arbeiter, aber sie haben keine persönliche Liebe zu Jesus Christus. Form und Zeremonie aber können niemals genügen, und wer die Glaubensgrundlagen anerkennt, beweist noch nicht, daß er Jesus im Herzen trägt. Viele, die in ihren Köpfen in Ordnung sind, haben Unrecht in ihren Herzen. Ich wollte lieber in meinem Herzen in Ordnung sein und mit dem Verstand auf Abwegen, als daß mein Kopf klar wäre, aber mein Herz nicht stimmte. Aus diesem Grunde gibt es heute so viele Gegensätze und Auseinandersetzungen. Die beklagenswerte Tatsache des Fundamentalismus ist seine Härte und Bitterkeit im Geiste. Wohl hat uns Gott eine Waffe gegeben, aber nicht zum Gebrauch unter Brüdern. Man kann sogar ein Märtyrer für den Glauben sein und braucht doch Jesus Christus nicht zu lieben. Paulus muß das vorausgesehen haben, als er schrieb: „Wenn ich auch meinen Körper verbrennen lasse und habe der Liebe nicht, so nützt es mir nichts."

Erinnern wir uns des Ausspruchs Jesu in bezug auf das erste und größte Gebot, das in Verbindung mit dem zweiten das ganze Gesetz umfaßt: „Du sollst den Herrn, deinen Gott, lieben mit deinem ganzen Herzen, mit deiner ganzen Seele und deinem ganzen Verstande."

Liebe Brüder, wir mögen die großen theologischen Positionen unseres Glaubens nicht verstehen. Ja, wir mögen sogar unseren eigenen Gemeindesatzungen keinen sonderlichen Wert beimessen, wenn wir aber Jesus ehrlich lieben, werden wir das ganze Gesetz erfüllen. Es ist das Herz, das in Ordnung sein muß. Und wem ein liebendes Herz gegeben ist, ein Herz, das danach verlangt, Ihn zu erfreuen und Ihm zu folgen, dem ist alles andere gewiß.

Es ist aber nicht nur die göttliche Erprobung der Jüngerschaft, sondern auch die der Führung.

Gott prüft die Führung

Wenden wir einfach die „göttliche Prüfung" auf alle unsere Handlungen an, so ist es nicht länger mehr nötig, die Fragen „Ist es falsch, dies zu tun? — Ist es Sünde, jenes zu tun?" zu stellen, um unser Verhalten weltlichen Dingen gegenüber zu klären. Die „göttliche Prüfung" wird zur „Triebkraft einer neuen Leidenschaft". Es geht nicht darum, ob es recht ist oder nicht, sich in fragwürdige Vergnügungen einzulassen, sondern darum, daß wir erfüllt sind mit dem Geist Gottes und so durchdrungen von der Liebe des Christus, daß wir immer bestrebt sind, dem Einen zu dienen und Ihn zu erfreuen. Da darf kein Raum mehr für die Sünde sein, kein Raum für die Welt und absolut kein Verlangen nach Dingen, die den Ungläubigen erfreuen. Glaubst du, ein Mensch würde einen anderen, den er wirklich liebt, wissentlich verletzen? Gewiß nicht! Deshalb ist die eine große Frage, die „göttliche Prüfung" aller — die Liebe.

Sag mir, mein Bruder, ob du Ihn liebst, ob du ihn wirklich liebst! Wenn ja, dann willst du ihn erfreuen, wenn ja, dann willst du ihm folgen. Dann wirst du ganz befriedigt sein bei ihm, und ganz allein bei ihm. Die Welt wird dich nicht länger anziehen. Soweit es dich betrifft, werden ihre Reize aufhören zu bestehen, und du wirst nicht mehr nach ihren leeren Freuden verlangen. Jesus selbst wird dein Alles sein, du wirst dich an ihm stärken, bei ihm wohnen und in ihm bleiben, ihn lieben und als König deines Herzens krönen. Alle deine Fragen werden schnell geordnet sein, wenn du ihn von Herzen liebst.

Und endlich ist die Frage „Liebst du mich?"

Gott prüft unseren Dienst

Weit mehr als Pflicht ist dieser Dienst nun ein Gedrängtsein durch die Liebe. Der Jünger folgt seinem Meister, weil er ihn liebt, nicht wegen irgendwelcher Verpflichtungen, die er gern erfüllen möchte.

Was trieb David Brainerd zu den Indianern in die Wildnis? Was drängte ihn, sein Zuhause aufzugeben und allein im Innern der wilden, wegelosen Wälder zu hausen, schwindsüchtig, matt und geschwächt durch den Hunger, durch lange, ermüdende Ritte, durch Trauer und rauhe Nächte im offenen Wald bei strömendem Regen? – Was gab ihm die Kraft, Monat für Monat auszuhalten und seinen geliebten Indianern zu erzählen, daß Gott sie liebt, so sehr liebt, daß er seinen einzigen Sohn gegeben hat, um für sie zu sterben? Was war es? Pflicht? Wie abwegig wäre solcher Gedanke! Kein Mensch würde es für seine Pflicht halten, so viel zu tun. Es war „Liebe". David Brainerd liebte seinen Herrn.

So war es mit Livingstone, Morrison, Taylor, Carey und all den tapferen Missionaren der Vergangenheit. Genau so wird es auch bei uns sein, wenn wir Ihn aufrichtig lieben. Wir werden es bezeugen in fröhlichem, gesegnetem Dienst. Wenn es sein muß, werden wir sogar unser Leben hingeben, vorausgesetzt, daß wir ihn wirklich lieben.

Steht es so mit uns? Haben wir diese Liebe?

Wie unermeßlich voll von Liebe und Erbarmen ist doch Sein Herz! Liebe verlangt nach Liebe! Durch nichts anderes wird ein liebendes Herz befriedigt. Und weil er selbst so sehr liebt, kann er sich mit nichts weniger begnügen, als mit der ganzen Liebe seiner Jünger. Was sind Reichtümer, Häuser, Länder, Luxus und alle käuflichen Schätze für jemand, der nach Liebe verlangt? Liebe allein ist die Grundlage eines Lebens mit Christus. Deshalb wird die Frage „Liebst du mich?" zur göttlichen Prüfung für jeden Gläubigen.

In einer größeren Stadt Frankreichs hielt Booth Clibborn Evangelisationsversammlungen. Eines Tages wurde sie von der Frau eines reichen Franzosen aufgesucht. In der Hand hielt diese ein Fläschen mit Gift, und aus ihrem Wesen sprach die Entschlossenheit derer, die sich das Leben nehmen wollen. Sie war nur eine von den Tausenden in dieser traurigen, gottlosen Welt, die Hand an sich legen. Vor Ausführung der Tat wollte sie die Frau kennenlernen, der allein in ganz Frankreich sie vertrauen zu können glaubte. Ihre eigenen Worte sollen diese Begebenheit wiedergeben:

„Gestern erst hatte ich mich bei meinem Mann beschwert, aber überrascht und fassungslos hatte er erwidert: ‚Warum, was willst du eigentlich? Du hast mein Scheckbuch, du besitzt mein Haus, du ißt an meinem Tisch. Alles, was Reichtum und Stellung dir geben können, gehört dir, und dennoch beklagst du dich?'

‚Ich will dein Herz', entgegnete ich, ‚ich will, daß du mich liebst!' ‚Das allerdings', rief er aus, ‚kannst du nicht haben! Du weißt, daß es einer anderen gehört. Alles gehört dir, aber mein Herz, meine Liebe – die kannst du unmöglich von mir verlangen!'"

Auch wir mögen Jesus Christus alles anbieten, was wir besitzen – und doch ist er unbefriedigt. Liebe verlangt nach Liebe. Nichts anderes kann ihr genügen. Mit derselben zarten und bittenden Stimme, demselben verlangenden Herzen kommt er nun zu mir und zu dir, und noch einmal hören wir ihn die Fragen stellen, die höchste „göttliche Prüfung" bedeutet und eine Antwort heischt: „Liebst du mich?"

Und wenn nun deine Antwort lautet: „Ja, ich liebe Jesus", Was dann?

„Weide meine Schafe!"

Beweisen sollen wir es. Liebe ist Dienst.

Ihr hattet eine herrliche Tagung über die Prophetie. Ihr seid davon erfüllt. Und nun? Ist das alles? Dann hat eure Tagung sehr wenig erreicht. Was ist mit den „anderen Schafen"? Kümmern sie dich nicht? Hat eine verlorene Welt keinen Anspruch auf deine Liebe? Deshalb bin ich der durchschnittlichen Bibelwochen so müde. Sie führen zu nichts, und der Strom wird zum stehenden Sumpf aus Mangel an einem Abfluß. Darum aber auch freue ich mich über die Zusammenkünfte großer Missionsbewegungen. Sie enden in einem geistlichen Sturzbach, der über die ganze Erde strömt und neues Leben hervorbringt. Leben und Geld werden auf den Altar Gottes gelegt, den Menschen ist eine Gelegenheit gegeben, durch Opfergaben für die Missionsfelder ihre Liebe zu beweisen.

Wenn der Herr jetzt in unsrer Mitte erschiene und ganz persönlich an jeden einzelnen von uns die Frage stellte: „Liebst du mich?" — was würden wir Ihm zur Antwort geben? Wie würden wir Ihm zu antworten vermögen unter seinem durchdringenden Blick?

Würden wir versuchen, Ihm auszuweichen?

Oder lieben wir Jesus Christus?

„Wir lieben Ihn", sagt Johannes.

Du auch? Ich?

Kapitel IV

WAS DENKT GOTT VON MIR?

Wir wollen uns von Gott ergründen lassen, wollen danach trachten, uns in seinem Lichte zu erkennen. Der Schrei des Psalmisten wird zu unserem Gebet: „Erforsche mich, Gott, und erkenne mein Herz, prüfe mich, und erkenne meine Gedanken, und sieh, ob Falschheit an mir ist." Möchte er uns in das Scheinwerferlicht seines Heiligen Geistes stellen, damit wir uns sehen können, wie er uns sieht!

Wir wollen uns nicht mit dem beschäftigen, was die Welt von uns denkt. Zeitungen, Bücher und Menschen können genau das Gegenteil von dem berichten, was Gott sagen würde. Sie mögen loben, wo er verdammt, und verdammen, wo er seligspricht. Wir fragen nicht einmal nach der Meinung unserer nächsten und liebsten Freunde. Auch sie können sich täuschen. „Der Mensch sieht, was vor Augen ist, der Herr aber sieht das Herz an.“ Unser einziges Verlangen ist, zu wissen, was Er von uns denkt.

Eines Tages werden wir Gott von Angesicht zu Angesicht gegenüberstehen. Dann werden wir vor dem ganzen Universum aufgedeckt, und unsere innersten Geheimnisse werden bloßgelegt. Der Deckmantel, der uns vor den Menschen schützte, wird uns vor Gott nicht verbergen. Ist es nicht besser, daß wir jetzt schon nach seinen Gedanken über uns fragen und da, wo er Mangel bei uns sieht, mit ihm darüber sprechen und in Ordnung bringen lassen?

Und deshalb frage ich: „Was denkt Gott von mir?“ Gott, der das Herz ansieht — was findet er, wenn er in meines hineinschaut? Bin ich wohlgefällig in seinen Augen? Was denkt er von mir?

1. Was denkt Gott von meiner Arbeit?

Findet er mich wahr und aufrichtig, frei von allem Betrug, fern aller Heuchelei? Es kommt nicht darauf an, wieviel Fehler ich mache. Die Frage ist, ob ich es wirklich ernst meine. Bin ich aufrichtig? Wenn die Motive zu meinem Handeln nach seinen Gedanken sind, wird Gott meine Fehler übersehen. Bin ich ihm wirklich treu? Liegt mir die Arbeit am Herzen oder tue ich sie nur berufsmäßig? Habe ich Gedanken persönlichen Gewinns dabei? Bin ich selbstsüchtig? Werden meine Entscheidungen durch die finanzielle Lage beeinflußt?

Würde ich bereit sein, ihm ohne Gewinn genau so ernstlich zu dienen?

Bin ich ganz wahrhaftig?

Bedeutet meine Arbeit etwas in den Augen Gottes? Spricht mein Leben für Jesus? Kann ich andere zu einem Leben in Kraft und Sieg führen? Kann ich Seelen für Christus gewinnen? Habe ich es überhaupt schon versucht? Habe ich im vergangenen Jahr wohl mit jemandem über seine Seele gesprochen? Habe ich eine Botschaft, oder ist mein eigenes Erleben so oberflächlich, daß es anderen nichts bedeutet? Wissen meine ungläubigen Freunde, daß ich auf der Seite des Herrn stehe?

2. *Was denkt Gott über meine gesellschaftlichen Beziehungen?*

Habe ich seinem Befehl: „Geht aus ihrer Mitte aus und sondert euch ab", und „Ziehet nicht am fremden Joch mit Ungläubigen" Folge geleistet? Sind meine Handlungen wohlgefällig vor Ihm? Kann er wohlwollend auf mich herabsehen? Hänge ich an Vergnügungen, die ihn aus meinem Herzen vertreiben, seine Gegenwart ausschließen? Ist mein Gewissen ruhig oder klagt es mich an, wenn ich gewisse Dinge tue, bestimmte Orte besuche? Bin ich bereit, alles um Jesu willen aufzugeben und ihn vor der Welt zu erwählen? Er hat alles für mich aufgegeben. Will ich ihn erfreuen oder ihm seinen Anspruch streitig machen? Verschwende ich Zeit, die rechtmäßig Ihm gehört? Verbringe ich meine Abende in gesellschaftlichen Veranstaltungen, während die Zeit so notwendig in seinem Dienst gebraucht wird?

3. *Was denkt Gott über meinen Verkehr mit ihm?*

Verbringe ich genügend Zeit in der Stille mit ihm, oder bin ich immer in großer Eile, wenn ich eigentlich Zeit für ihn haben sollte? Komme ich zum Alleinsein mit Gott? Liebe ich die Begegnung mit ihm im Heiligtum? Ist die Verbindung mit ihm für mich beglückend? Befriedigt Jesus mich völlig?

Bin ich ein Schüler des Wortes Gottes? Lese ich es in der Stille oder befasse ich mich nur in der Öffentlichkeit damit? Offenbart der Herr mir seine Geheimnisse? Werden sie Wirklichkeiten für mich? Nehme ich seine Verheißungen in Anspruch und mache ich sie zu den meinen?

Ist mein Leben mit Gebet ausgefüllt? Beantwortet Gott meine Gebete? Habe ich Beten gelernt? Spreche ich meine Gebete nur her, oder bete ich ernstlich? Helfen mir meine Gebete? Ist mir das Gebet wirklich zur Lebensnotwendigkeit geworden

4. *Was denkt Gott über meinen inneren Werdegang?*

Nehme ich zu im Geist? Bin ich in innerem Wachstum begriffen? Habe ich im Vergleich zum Vorjahr Fortschritte gemacht? Ist mir Jesus wirklichkeitsnäher geworden? Können meine Freunde eine Umwandlung an mir feststellen? Verschwinden die alten Schwächen und Fehler des Fleisches und werden mir die Früchte des Geistes immer mehr und mehr zu eigen?

Mache ich Fortschritte im Kampf gegen die Sünde, besonders gegen meine Lieblingssünde? Beherrsche nun ich die Sünde, die einst mich beherrschte? Will ich wirklich frei davon werden oder trage ich mich immer noch mit einem Lieblingsgedanken, der Friede und Macht, Gegenwart, Sonnenschein und Liebe Jesu ausschließt? Glaube ich daran, daß er mich vor dem Fall bewahren kann, daß ihm alle Macht gegeben ist?

Welche Antwort können wir uns auf diese vier lebenswichtigen Fragen geben, die wir uns hiermit ehrlich gestellt haben?

Wir bezeugen oft, daß Jesus genügt, daß er die Fülle gibt. Wenn wir nun die Frage umdrehen und sagen: „Ist ihm Genüge getan?" „Wird Gott durch mich erfreut?" Allein auf Sein Werturteil kommt es an. Ist er enttäuscht durch uns oder kann er sich an uns freuen?

Was denkt Gott von mir?

Kapitel V

DAS LEBEN DER HINGABE

Wenn ich von Hingabe spreche, bin ich gerne ganz deutlich. Es lohnt sich oft, auf Einzelheiten einzugehen. Deshalb will ich sehr offen sein und einfach reden, damit sich niemand falsche Vorstellungen mache von dem, was ich meine. Ein Leben der Hingabe führen bedeutet, alles auf den Altar Gottes legen.

1. *Sich selbst*

Was würde ein Mann von einem Mädchen denken, das auf seinen Heiratsantrag hin ihm nur seine Ländereien, Häuser und sonstigen Besitz anbietet? Nicht einen Augenblick würde er damit zufrieden sein. Es geht ihm nicht um den Besitz, sondern um das Mädchen selbst, und kein Ersatz könnte ihn befriedigen. Genau so ist es mit Jesus Christus. Er verlangt uns, Leib, Seele und Geist. Deshalb müssen wir zu allererst uns selbst auf seinen Altar legen und sagen: „Ich will gehen, wohin Du mich gehen heißt, lieber Herr, nach Indien, Afrika oder China! Ich will Missionar werden oder Prediger, alles will ich preisgeben, um deinem Ruf zu folgen."

„Nimm mich selbst, und laß mich sein
ewig, einzig, völlig dein."

2. *Angehörige*

Wenn ich mich selbst auf den Altar Gottes gelegt habe, bringe ich meine Angehörigen: Vater, Mutter, Sohn und Tochter. Wenn der Herr mein Kind für die Mission haben will, so mag er es nehmen. Wenn er verlangt, daß ich Vater und Mutter verlasse, so will ich gehorchen. Selbst wenn er nach seiner Wahl meine Lieben zu sich zöge, so will ich nicht murren. „Dein Wille geschehe!"

„Warum bin ich nicht glücklich?“ wollte eine reiche Dame von dem großen Missionar Dr. Jonathan Goforth wissen, als er bei ihr zu Besuch weilte. – „Haben Sie alles dem Herrn übergeben?“ fragte der Gottesmann ruhig. – „Ja, so viel ich weiß, alles“, antwortete sie. – „Sind Sie sicher, daß es alles ist?“ forschte der Missionar. – „Ich glaube, daß ich alles auf den Altar des Herrn gelegt habe“, antwortete die Dame wieder. – „Und Sie wären bereit, Ihr kleines Mädchen um seinetwillen nach China zu schicken?“ fragte er und legte seine Hand auf ihre Schulter. – „Gott sollte aus meiner Tochter eine Missionarin in China machen? Nein! Ich will sie hier bei mir haben!“ rief die Mutter aus. – „Und doch sagen Sie mir, daß Sie sich ganz ausgeliefert haben. Dabei haben Sie Gott nicht einmal Ihr eigenes Kind übergeben. Wie können Sie Gottes Frieden und Segen erwarten? Sie stehen ja zwischen Gott und seinem Plan mit Ihrer Tochter, indem Sie zu ihm sagen: ‚Bis hierher, aber nicht weiter darfst du gehen. Du kannst mein Haus haben, mein Geld, mich selbst, aber meine Tochter rühre mir nicht an!‘ – Liebe gnädige Frau, nennen Sie das Hingabe?“

3. *Begabungen*

Unsere Talente sind uns nicht zur Verwendung für uns selbst gegeben worden, sondern sie sollen als Gaben Gottes für ihn arbeiten. Mit welchem Recht wollen wir sie zu egoistischen Zwecken verwenden? Wenn wir einmal Gottes Schau erkannt haben, werden wir unsere Gaben nie mehr nach weltlichen Gesichtspunkten gebrauchen. Vielleicht bist du im Vortrag, in der Redekunst, im Sprechen begabt. Die Frage ist, wie du diese Gaben benutzt. Nur zur Erbauung und Unterhaltung, oder zur Ehre Gottes? Vielleicht hast du eine schriftstellerische Gabe, aber was und für wen schreibst du? Für die Welt oder für Gott? Für Geld oder für das Reich des Herrn? Du magst die Anlagen zum Geschäftsmann haben, aber denke daran: „Es ist Gott, der die Kraft zum Reichtum gibt." – Für wen also verdienst du, für dich selbst oder für Gott? Du kannst gut singen, Gott hat dir eine Stimme gegeben. Gebrauchst du sie in Gesellschaften, um deine Bewunderer zu erfreuen, singst du die Lieder der Welt, oder kann der Herr durch diese deine Gabe belasteten, sündenkranken Seelen Seine Botschaft verkünden? Frances Ridley Havergal sang:

„Nimm die Stimme, lehre mich
reden, singen nur für dich!"

4. Zeit

„Kaufet die Zeit aus!" Welch eine Verantwortung! Was machen wir mit unserer Zeit, mit unseren Freistunden? Verwenden wir sie für Gott oder für eigene Dinge, die ohne Wert sind? Irgendwie hat es den Anschein, als ob wir für alles andere auf der Welt Zeit hätten, zum Essen, zum Schlafen, zum Einkaufen und Erzählen, für die Zeitung, für unseren Besuch, für Vergnügungen, für die Arbeit, für alles – nur nicht für Gott. Verbringen wir unsere Zeit in der Unterhaltung mit Freunden, bei kostspieligen Abendgesellschaften, indem wir die Stunden mit unnützen Gesprächen totschlagen, oder leben wir wie „Pilger" und handeln wie Gäste? Sind wir anders als die Welt? Verbringen wir die kostbaren Stunden in Gesprächen über Ihn und die Interessen seines Reiches? So wird es sein, wenn der Heilige Geist kommt.

5. Geld

Es geht nicht länger um ein Zehntel, sondern um alles. Alles, was wir besitzen, gehört Gott. Wir sind lediglich Verwalter. So ziemt es sich für uns, darauf zu achten, wie wir unsere Mittel anlegen. Für Luxus oder für die Mission, für Nichtigkeiten oder für die Weltevangelisation? Benutzen wir es zur Befriedigung unserer egoistischen, selbstischen Begierden, oder für das Werk des Herrn? Tragen wir unser Geld zur Bank, um es einmal jemand zu hinterlassen, der sich genau so gut selbst versorgen könnte, oder legen wir es als Verwalter des Eigentums Gottes zur Errettung von Menschenseelen an? Bauen wir unsere Häuser weit größer, als wir sie brauchen? Zahlen wir 800 Mark Miete im Monat, wenn wir genau so gut in einem Haus wohnen könnten, wo wir nur die Hälfte zu zahlen brauchten? Kein Wunder, wenn uns für Gott nichts mehr bleibt! Aber der Abrechnungstag ist nahe, die Zeit der Rechenschaft kommt. Ich wollte dem Herrn nicht mit einem großen Bankkonto entgegentreten müssen. Das wäre eine schreckliche Sache. Er erwartet von mir, daß ich es für Ihn anlege, bevor ich sterbe. Es heißt nicht: „Wieviel meines Geldes verwende ich für Gott", sondern: „Wieviel seines Geldes verbrauche ich für mich selbst?" — Eines Tages wird er Rechenschaft über unsere Verwaltung fordern. Auch unser Geld müssen wir auf seinen Altar legen.

„Nimm mein Gold und Silber hin,
lehr mich tun nach deinem Sinn!"

Nun, willst du dein Alles auf den göttlichen Altar legen? Bist du bereit, alles aufzugeben, um es ihm zu weihen? So tu doch in aller Entschiedenheit diesen ersten Schritt. Übergib Gott dein Leben von ganzem Herzen. Nichts halte zurück. Deinen Willen gib auf und nimm den seinen an. Halte an keinen eigenen Plänen mehr fest!

6. Meine Zukunft

Alle meine Pläne und meinen Ehrgeiz, meine Träume und Erwartungen — alles muß auf den Altar Gottes gelegt werden. Er muß führen, leiten, mein Leben kontrollieren. Sein Wille muß mein Wille, sein Programm muß meines werden. Meine Zukunft muß in seiner Hand liegen. Diese Hingabe kann dir niemand abnehmen, keiner kann dich dabei vertreten. Du mußt den Preis zahlen. Kompromisse sind undenkbar. Ein Blanko-Abkommen:

Es geht darum, einen Blankovertrag zu unterschreiben. Setze deinen Namen darunter und laß Gott Zeiten und Bedingungen nachher ausfüllen. Er wird immer nur einen Schritt einsetzen, und erst, wenn du ihn getan hast, wird er dir den nächsten klarmachen. Vertraue Ihm die Führung deines Lebens an, laß Ihn den Vertrag ausfüllen, nach dem du unterschrieben hast.

Versiegelte Befehle:

Das bedeutet, daß wir unter versiegelten Befehlen segeln. Wohin, weißt du nicht. Wann, kannst du nicht sagen. Warum, ist nicht deine Sache. Wie, muß dich nicht bekümmern. Du hast nur die versiegelten Befehle entgegenzunehmen, die seine Führung für dein Leben enthalten, hast sie zu öffnen zu seiner Zeit und sie zu lesen, wann er will.

Ein ewiges „Ja":

Es bedeutet, ein ewiges „Ja" zu Gott zu sagen, ein ewiges „Nein" zu sich selbst. So entschieden muß dieses ewige „Ja" zu ihm sein, daß es für den gesamten Rest deines Lebens wirksam bleibt. Was willst du, daß ich tun soll, Herr?" „Wohin willst Du, daß ich gehe?" Er befiehlt, und wir gehorchen. Ein großes, ewiges, endgültiges, herrliches „Ja", und die Frage ist ein für allemal geklärt. Wir brauchen nur fortzufahren, unser Leben lang dieses „Ja" zu wiederholen.

Kapitel VI

DAS GEHEILIGTE LEBEN

Es ist nicht meine Absicht, die lehrhafte Seite der Heiligung zu betrachten, denn ich habe die Erfahrung gemacht, daß viele Menschen rein lehrmäßig etwas wissen, ohne es aber praktisch zu besitzen. Darum soll meine Aufgabe hier lediglich sein, in einfachen Worten die praktische Seite eines Lebens in der Heiligung aufzuzeigen.

Um zu erklären, was wirkliche Heiligung bedeutet, wollen wir zuerst sagen, was Heiligung nicht ist:

1. Heiligung ist nicht Freiheit von der Versuchung! Es ist gut möglich, daß wir gerade in einem wahren Heiligungsleben mehr angefochten werden als je zuvor. Vorher bist du dem Reich Satans ja kaum gefährlich gewesen, und er hat dich demzufolge auch nicht belästigt. In dem Augenblick aber, da du ein Leben der Heiligung beginnst, wird er alles tun, was in seinen Kräften steht, um dich zu Fall zu bringen. Deshalb bedeutet Heiligung niemals Freiheit von Versuchungen, und wer geistlich ist, darf sich nicht für so erhaben halten, daß er nicht versucht würde.

2. Heiligung ist keine Sicherheitsgarantie gegenüber der Möglichkeit des Sündigens. „Wer glaubt, daß er stehe, sehe zu, daß er nicht falle." Es gibt in diesem Leben keinen Zustand, in dem der Gläubige vor der Möglichkeit des Sündigens sicher ist. Wer am höchsten steigt, kann am tiefsten fallen. Laß dich deshalb vor einer falschen Sicherheit der Sünde gegenüber bewahren, denn absolute Sicherheit kann dir auch ein Leben der Heiligung nicht bieten.

3. Heiligung ist nicht eine allmähliche Befreiung von der Sünde. Das kann niemals der Weg Gottes zum Sieg sein. Die Sünde ist abgetan, der Kampf mit ihr ist in seinen Augen

abgeschlossen und ein für allemal erledigt. Wenn ein Trinker die Gewohnheit hat, jeden Tag zehn Liköre zu trinken, so wird dir nie einfallen, ihm zu raten, daß er am nächsten Tag nur noch neun Liköre, dann acht, dann sieben und so weiter trinken soll, sondern wir wissen, daß dieser Mann einen kritischen Punkt überwinden muß, wenn er sich vom Alkohol abwenden und zu trinken aufhören soll. Dasselbe gilt für die Heiligung. Die Macht der Sünde ist gebrochen, und nun ergibst du dich ihr nicht mehr.

Nachdem wir nun festgestellt haben, was Heiligung nicht ist, will ich in drei Punkten klarzumachen versuchen, worum es wirklich geht:
Heiligung ist:

1. die Erfahrung einer augenblicklichen Krise. Das bedeutet, daß sie einen Anfang hat. Und wenn du sie auch als einen Vorgang ansiehst, der sich in seinen Ergebnissen auf das ganze Leben erstreckt, so mußt du doch auch dessen krisenhafte Natur erkennen. Es muß ein Anfang da sein. Die Kinder Israels erlebten etwas ähnliches bei der Überquerung des Jordan. Das war eine Stunde der Krisis in ihrer Geschichte. Am Morgen noch befanden sie sich in der Wüste, der Abend sah sie am anderen Ufer im Lande Kanaan.

2. Heiligung ist ein Siegesleben über die Sünde. Wenn sie das nicht ist, ist sie praktisch gar nichts. Gott hat die Befreiung von der Macht der Sünde verheißen. – „Die Sünde wird nicht herrschen über euch." – Ohne diese Herrschaft über die Sünde ist jede Heiligung ein Hohn.

3. Heiligung ist lebenslange Umwandlung in Christusähnlichkeit. „Wir alle, mit aufgedecktem Angesicht die Herrlichkeit des Herrn anschauend, werden verwandelt werden in dasselbe Bild von Herrlichkeit zu Herrlichkeit als durch den Herrn, den Geist" (2. Kor. 3, 18). Mehr und mehr haben wir teil an seinem Bild, bis wir zuletzt, wenn er erscheinen wird, ihm gleich sein werden.

Wann beginnt das Heiligungsleben?

In Gottes Plan bereits bei der Bekehrung, nach menschlicher Erfahrung jedoch vielfach erst später. Ich glaube nicht, daß es Gottes Absicht ist, seine Kinder noch jahrelang durch die Wüste wandern zu lassen. Er will, daß sie sich bei der Bekehrung so völlig ihm ausliefern, ein so geisterfülltes Leben beginnen, daß jedes Zurückgleiten unmöglich wird. Unglücklicherweise liefern sich aber die wenigsten so bedingungslos aus, und die Folge ist, daß es zu einer zweiten großen Krise kommen muß, in der sie sich erst aus Niederlagen und Enttäuschungen heraus ihm völlig übergeben.

Was heißt das überhaupt: Heiligung? Das Wort bedeutet einfach „Absonderung", und alles, was beiseitegesetzt ist vom allgemeinen zu einem für Gott bestimmten Gebrauch, ob lebend oder unbeseelt, ist heilig. Was Gott von dir fordert, ist die Anerkennung dieser Tatsache, Fügung darein und Absonderung für das hohe heilige Ziel, zu dem du berufen bist.

Die drei Schritte

Drei Schritte sind zu beachten bei einem Leben in der Heiligung, das selbst wiederum von zwei Seiten zu sehen ist. Ich spreche auch hierbei nicht von der lehrmäßigen, sondern von der ganz praktischen Seite, denn obwohl du das vom theologischen Standpunkt aus vielleicht noch nicht verstehen magst, kannst du die Praxis doch bereits erfahren haben. Darauf allein aber kommt es für dich an. Von diesem praktischen Standpunkt aus gesehen gibt es also, wie schon erwähnt, zwei Seiten der Heiligung: den Teil, der vom Menschen, und den, der von Gott abhängt.

Einen sehr bezeichnenden Ausspruch finden wir in Josua 3, 5, wo der Befehl gegeben wird: „Heiligt euch selbst!" – „Aber", so sagst du, „ich dachte, Heiligung wäre das Werk des heiligen Geistes?" – Wie erklärt sich dann der so klare und eindeutige Befehl „Heiligt euch selbst"? Diese Frage ist nicht schwer zu lösen, denn das ist eben des Menschen Teil. Bevor Gott sein Teil überhaupt tun kann, muß der Mensch das Seine getan haben, indem er sich selber geheiligt hat.

Weiter hatten wir festgestellt, daß drei Schritte zur Heiligung erforderlich sind. Die beiden ersten umfassen, was der Mensch zu tun hat, den dritten Schritt tut Gott. Diese drei Schritte sind, einfach ausgedrückt, folgende: 1. Absonderung; 2. Auslieferung; 3. Erfüllung. Erstens „Absonderung von", zweitens „Auslieferung an", drittens „Erfüllung mit".

Es geht also, wie wir sehen, nicht nur um „Absonderung von" der Welt, sondern auch um „Auslieferung an" Gott. Absonderung stellt die negative, Auslieferung die positive Seite des Ganzen dar. Der menschliche Anteil am Heiligungsleben besteht somit aus zwei Phasen. „Heiligt euch selbst." Wir wollen tun, was an uns liegt, dann wird Gott das Seine tun. Der dritte Schritt ist die „Erfüllung mit" dem Heiligen Geist. Das eben ist Gottes Angelegenheit. Und der Grund, warum so viele um die Erfüllung mit dem Heiligen Geist vergeblich bitten und darauf warten, ist einfach der, daß sie die von Gott geforderten beiden ersten Schritte noch nicht getan haben. Aber allein durch sie ist der dritte Schritt, die Bestätigung Gottes, überhaupt erst möglich.

Deshalb wollen wir uns erst vergewissern, daß unsere Absonderung eine völlige ist. Gott besteht auf einer klaren Trennung von der Sünde in jeder Art und Weise, auf einer Trennung von der Welt mit allen ihren Lockungen, von allem, was den Heiligen Geist betrübt und unsere Kraft lähmt. Es ist unmöglich, ihn zu betrügen. Er weiß, ob wir es so meinen, wie wir es sagen. Ist unsere Absonderung so, wie Gott sie fordert? Wenn nicht, wollen wir uns aufmachen und den Weg gehen, den er uns vorgezeichnet hat.

Zum anderen müssen wir unser Leben Gott übergeben. Jede Absonderung ist unvollkommen ohne diesen zweiten Schritt.

Wir trennen uns von allem selbstischen Wesen und von allem, was Gott mißfällt, ja nur deshalb, um für ihn abgesondert zu sein. Hingabe bedeutet also, sich für Gott absondern. Wir sollen heilig sein, d. h. wir sind beiseitegesetzt für Gott zu einem heiligen Zweck. Diese Trennung muß wirklich und wahrhaftig durchgeführt werden.

Haben wir unser ganzes Ich auf den Altar Gottes gelegt? Haben wir uns selbst und alles, was wir besitzen, Gott ausgeliefert und übergeben, oder halten wir etwas zurück? Es könnte unser Geld sein, unsere Begabung, ein uns lieber Mensch; aber was immer es auch sein mag, es gibt kein „erfüllt mit", wenn es nicht ganz und für immer Gott übergeben worden ist. Nur dann kann Gott das Seine an uns tun, uns mit dem Heiligen Geist füllen. Wenn unser ganzes Ich auf dem Altar liegt, wird das göttliche Feuer vom Himmel fallen.

Wenn du genau weißt und ganz sicher bist, daß du diese beiden ersten Schritte getan hast, nachdem du lange in der Stille warst und dem Heiligen Geist Raum gegeben hast, dich zu erforschen – dann kannst du, ohne auf äußere Zeichen zu warten, im einfältigen Glauben die Verheißung der Schrift ganz für dich in Anspruch nehmen und dich in der festen Gewißheit von deinen Knien erheben, daß nun auch Gott das Seine getan hat.

„Alles, was ihr bittet in eurem Gebet, glaubet nur, daß ihr's empfangen habt, so wird's euch werden" (Mark. 11, 24). Es wird uns nicht gesagt, daß wir glauben sollen, daß wir es einmal erhalten werden, sondern glauben, daß wir es erhalten haben, nämlich in dem Augenblick, da wir glauben.

Tatsachen, Glaube und Gefühl

Wir wollen uns von Satan nicht um den Segen bringen lassen, indem wir auf irgendwelche Zeichen oder Gefühle warten. Du wirst die Freude und Geborgenheit im Heiligen

Geist erfahren, wenn du im Glauben zeugst und handelst. Gottes Befehl für die Heiligung ist dem zur Errettung gleich. „Die Tatasche" ist gegeben, es geht um den Glauben, und dann erst um das Gefühl. Satan versucht allezeit, diese göttliche Reihenfolge umzukehren und uns davon zu überzeugen, daß wir auf das Gefühl sehen sollten. Wie aber kannst du etwas fühlen, bevor du glaubst? Wie kannst du glauben, bevor du weißt, was du glauben sollst?

Hier sind einige solcher Tataschen: „Wenn wir unsere Sünden bekennen, ist er getreu und gerecht, daß er uns die Sünden vergibt und uns reinigt von aller Ungerechtigkeit" (1. Joh. 1, 9). Bedingung ist also nur, daß wir bekennen. Erfüllen wir diese Bedingung? Warum machen wir Gott zum Lügner? — „Wenn wir im Lichte wandeln, wie er im Lichte ist, haben wir Gemeinschaft mit ihm, und das Blut Jesu Christi, seines Sohnes, reinigt uns von aller Sünde" (1. Joh. 1, 7). Die Voraussetzung ist: „Wenn wir im Lichte wandeln." — Und was geschieht dann? — „Das Blut Jesu Christi, seines Sohnes, reinigt uns von aller Sünde." — „Aber", hältst du dem entgegen, „ich fühle mich ja gar nicht gereinigt." Das ist richtig, und du wirst dich auch niemals rein fühlen, solange du nicht auf Gottes Wort im Glauben vertraust. Hier liegt die dritte große Wahrheit: „ . . . wieviel mehr wird euer himmlischer Vater den Heiligen Geist geben denen, die ihn bitten" (Luk. 11, 13). Die Bedingung heißt: bitten. Hast du ganz bewußt die ersten beiden Schritte getan? Dann bitte! Wenn du gebetet hast, sollst du dann fühlen? — Nein, glauben! Gott ist der Gebende, er liebt es, zu segnen. „Wie viel mehr . . ." (Luk. 11, 13).

„Herr Jesus, ich trenne mich von allem, das dir mißfällt, und übergebe dir mich selbst und alles, was ich besitze. Ich glaube an dein Wort. Du hast gesagt: ‚Alles, was ihr bittet in eurem Gebet, glaubet nur, daß ihr's empfangen habt, so wird's euch werden.' — Herr, ich möchte von diesem Augenblick an ein geheiligtes Leben führen, frei von der Macht der Sünde, erfüllt mit dem Heiligen Geiste und ganz für dich."

„Und so, Herr, ohne jedes Gefühl, ohne Beweis oder besonderes Zeichen, glaube ich, nachdem ich die beiden ersten Schritte getan und so die Bedingungen, die Du stellst, erfüllt habe, daß mir vergeben ist, daß Dein Blut auch mich reinigt von aller Sünde, daß der Heilige Geist auch mein Herz und Leben bis zur Fülle durchdringt. — Du nimmst mich an, Du, o Herr, bist jetzt meine Heiligung, und ich bin vollkommen in Dir. Geheiligt sei Dein Name!"

Kapitel VII

DIE HERRSCHAFT JESU

Es gibt viele Menschen, denen Jesus Christus wohl Heiland, aber nicht Herr ist. Viele sind durch Jesus gerettet worden, ohne ihn jedoch als ihren Herrn und Meister anzuerkennen. Doch er wird nicht eher befriedigt sein, bis wir ihm diese Stellung in unserem Leben einräumen.

In Lukas 14, 25 legt der Herr die Bedingungen der Jüngerschaft fest. Zuerst aber möchte ich sagen, daß Jüngersein in des Wortes eigentlicher Bedeutung weit mehr heißt, als Vergebung erlangt zu haben. Ein Jünger ist ein Schüler, einer, der nachfolgt, der einen andern als Meister anerkennt.

Weiter möchte ich darauf hinweisen, daß der Herr Jesus das absolute Recht hat, die Bedingungen festzulegen, unter denen er andere als seine Jünger annehmen will. Während der Einberufungen zur Zeit des Krieges wurden Männer zum Wehrdienst gezwungen, ob sie wollten oder nicht. Früher hatte man das Recht gehabt, für sich selbst zu entscheiden.

Nun aber hatte die Regierung die Vollmacht, die Bedingungen festzulegen, nach denen Männer als Soldaten eingezogen werden sollten. Der einzelne konnte diese Bedingungen annehmen oder sie ablehnen. Eine Ablehnung bedeutete nicht, daß er nun nicht mehr Bürger seines Landes war, sondern sie galt als Dienstverweigerung.

So geht es auch mit dir, lieber Freund. Du kannst Jesus Christus gehören, ein Himmelsbürger sein und ihn doch nicht als deinen Herrn anerkennen, nicht in fröhlichem Gehorsam unter seinem Befehl stehen. Du magst gerettet sein und doch kein Jünger sein.

Gott zuerst

Nun wollen wir uns die Stelle Lukas 14, 25–27 ansehen. „Es ging aber viel Volks mit ihm, und er wandte sich um und sprach zu ihnen . . ." Was würdest du an seiner Stelle gesagt haben? So, wie ich die menschliche Natur kenne, hättest du etwas gesagt, um den anderen das Beste für ihre Zukunft vor Augen zu stellen. Der Herr aber verheimlichte niemals das Kreuz. Wenn der Weg dornig war, so sagte er es.

„So jemand zu mir kommt und haßt nicht seinen Vater, Mutter, Weib, Kinder, Brüder, Schwestern und dazu sein eigen Leben, der kann nicht mein Jünger sein. Und wer nicht sein Kreuz trägt und mir nachfolgt, der kann nicht mein Jünger sein." – „Aber", entgegnest du, „meint Jesus wirklich, daß ich meine Angehörigen hassen soll, um sein Jünger zu sein?" In Matthäus 10, 37 finden wir dieselbe Forderung, etwas anders ausgedrückt. Sie lautet hier: „Wer Vater und Mutter mehr liebt als mich, der ist meiner nicht wert. Wer seinen Sohn oder Tochter mehr liebt als mich, der ist meiner nicht wert."

Was also sind die Bedingungen der Jüngerschaft? Die Antwort ist in wenigen Worten gegeben: „Gott kommt zuerst."

Wenn ich könnte, würde ich sie auf eine Fahne schreiben und diese im Blickfeld aller Gemeinden der Welt aufstellen. –

Wir wollen uns einige sehr klare Fragen vorlegen. Kommt Gott in meinem Leben an erster Stelle, oder nimmt mein Geschäft diesen Platz ein? Kommt Gott vor meinem Vergnügen, vor meinem Geld? Wie steht es mit meiner Familie, meinen Angehörigen – kommen sie vor Gott, oder hat Er wirklich den ersten Platz inne?

Entsagung

Die letzte Forderung an die Jüngerschaft finden wir in Lukas 14, 33: „Also auch ein jeglicher unter euch, der nicht absagt allem, was er hat, kann nicht mein Jünger sein." – „Aber", bringst du vor, „diese Bedingung ist fast unmöglich zu erfüllen. Soll das heißen, daß Gott von seinen Jüngern fordert, buchstäblich alles aufzugeben? Wenn das so ist, dann bin ich sein Jünger nicht, denn ich habe noch ein Heim, eine Frau und ein kleines Bankkonto. Soll ich das alles aufgeben?"

In der neueren Übersetzung wird das Wort „aufgeben" mit „entsagen" übersetzt. Nun lesen wir: „Wer nicht entsagt allem, was er hat, kann nicht mein Jünger sein." Entsagen und Aufgeben ist aber zweierlei. Gott verlangt von seinen Kindern, daß sie allem entsagen, obwohl er vielleicht nur von ganz wenigen Dingen, denen man vorher entsagt hat, ganzes Aufgeben fordert.

Einer Sache entsagen, heißt jeden Anspruch darauf abtreten. Das beste Beispiel finden wir vielleicht in Apostelgeschichte 4, 32: „Auch keiner sagte von seinen Gütern, daß sie sein wären, sondern es war ihnen alles gemein."

Nichts, was ich bin oder habe, gehört mir selbst. Alles gehört Gott. Er erlaubt mir den Gebrauch nach seinem Wohlgefallen, aber er behält den ersten Anspruch. In dieser Erkenntnis stelle ich ihm gern alles zur Verfügung, löse meine

Hände davon und übergebe mich ihm ganz als meinem Herrn. Wenn ich allen Anspruch entschieden abgetreten habe, kann ich freiwillig all diesen Dingen den Rücken zukehren. So entsage ich allem, was ich bin und habe, es gehört nicht länger mir, sondern ihm. Von nun an hat er das ungeteilte Recht, damit zu tun, was ihm gefällt, und wenn Er zu irgend einer Zeit zur wirklichen Aufgabe rufen sollte, so dürfte ich nicht einmal murren oder mich beklagen. Das gilt für mein Geld und für alle anderen Dinge.

Sobald ich allem entsage, wird Gott die Echtheit meiner Haltung prüfen. So ging es auch Abraham. Er hatte Isaak entsagt in der Erkenntnis, daß er Gott allein gehöre. Da verlangte Gott seine Opferung auf dem Berge Morija. Und Abraham weigerte sich nicht. Damit bewies er, daß sein Entsagen echt war. Es wird auch uns nicht schwer sein, diese Probe zu bestehen, wenn unsere Absage ebenfalls echt gewesen ist. War sie hingegen nur oberflächlich gesprochen und unaufrichtig gemeint, wird die Prüfungszeit furchtbar sein, und wahrscheinlich wird man zu dem zurückkehren, von dem man sich losgesagt haben sollte. Wahre Jüngerschaft jedoch verlangt Entsagung.

Herr über alles

Jesus ist entweder Herr über alles oder über nichts. Kein Mensch arbeitet gleichzeitig für zwei Fabriken, kein Sklave gehört zwei Herren zugleich. Sieh dich vor, daß, wenn du ihm nach deinem Dafürhalten einen zweitrangigen Platz einräumst, du nicht eines Tages zu spät mit der Entdeckung erwachst, daß er überhaupt nicht mehr da ist. Denn er kann nur ganz oder gar nicht Herr sein. „Kein Mensch kann zwei Herren dienen."

„Erlaube mir erst", sagte ein junger Mann zu Jesus. — O nein, nicht „mir zuerst" — Gott zuerst! Meine Interessen müssen immer seinen Interessen untergeordnet sein, nie kommen sie zuerst. — „Trachtet zuerst nach dem Reiche Gottes!"

Als Dr. Graham Scroggie aus Edinburgh einmal über dieses Thema gesprochen hatte, wurde er am Schluß der Versammlung von einer jungen Gläubigen angeredet, auf die sein Vortrag großen Eindruck gemacht hatte. „Warum liefern Sie sich Jesus nicht aus?" fragte Dr. Scroggie. — „Ich fürchte, daß ich dann zwei Dinge tun müßte", gab das Mädchen zur Antwort. — „Und welche wären das?" forschte der Prediger. — „Ich spiele Klavier im Konzert und habe Angst, daß ich es aufgeben müßte", erklärte die Gefragte. — „Und das andere?" — „Ich habe Angst, daß Gott mich als Missionarin nach China schicken könnte." — Dr. Scroggie verhielt sich der Ängstlichen gegenüber sehr weise. Er schlug seine Bibel auf und erklärte dem jungen Mädchen das ungereimte Verhalten des Petrus in Apostelgeschichte 10, 14. Ein Sklave hat sich in gar keinem Fall zu weigern. „O nein" sagen und dann das Wort „Herr" hinzufügen, das ist ausgeschlossen.*)

„Nun", sagte Dr. Scroggie, „ich möchte, daß Sie entweder die Worte ‚o nein' durchstreichen und das Wort ‚Herr' stehen lassen, oder aber, wenn Sie die Worte ‚o nein' schon stehen lassen wollen, dann das Wort ‚Herr' ausstreichen."

Er drückte ihr seinen Bleistift in die Hand und ging ruhig beiseite. Zwei Stunden lang kämpfte sie, bis er zurückkehrte. Als er ihr über die Schulter blickte, sah er auf ein tränennasses Blatt, aber die Worte „o nein" waren durchgestrichen. Mit einem frohen Licht in den Augen verließ sie den Versammlungsraum und ging nach Hause, immer wieder das Wort „Herr" vor sich hinsagend. Nicht länger würde sie ihren eigenen Willen walten lassen. Sie war nun seine Jüngerin und er ihr Herr und Meister. Von nun an würde es heißen „Ja, Vater", und „Was willst du, daß ich tun soll, Herr?" —

*) „Petrus aber sprach: O nein, Herr, denn ich habe noch nie etwas Gemeines oder Unreines gegessen" (Apg. 10, 14).

„Liebst du mich mehr als diese?" Ich kann mir vorstellen, wie Jesus erst auf die Boote und Netze, die andern Jünger und schließlich auf Heim und Angehörige des Petrus zeigte. „Wer kommt zuerst, Petrus? Ich? Liebst du mich mehr als diese?" Das ist die Frage, die er uns heute noch stellt. Wollen wir ihm alles übergeben und ihn zum Herrn machen?

Kapitel VIII

UNSERE WICHTIGSTE AUFGABE

„Können Sie kommen, um eine kranke Frau zu besuchen?" – „Ist es sehr dringend?" – „Ja, sie wird die Nacht wohl nicht überleben." – „Es ist gut, ich komme sofort." Ich legte den Hörer auf.

Ich bahnte mir einen Weg durch die Straßen der Stadt, war bald an Ort und Stelle und wurde sofort ins Krankenzimmer geführt. Traurig und hilflos sah mir das Gesicht einer Frau entgegen. Die Kranke versuchte zu sprechen, aber ihre Stimme war so schwach und gebrochen, daß ich mich tief über sie beugen mußte, um zu verstehen, was sie sagte. Ich fühlte, daß ich dem Tod gegenüberstand, denn man konnte förmlich sehen, wie ihr Leben dahinschwand.

Hoffnungslosigkeit spiegelte sich in ihrem Gesicht, während sie darauf wartete, daß ich sie ansprach. Die Dunkelheit des Abends schien sich noch zu vertiefen, als ich die blassen, eingefallenen Züge beobachtete, auf denen Verzweiflung geschrieben stand. Da war keine Zeit zu verlieren, keine Zeit zur Unterhaltung über die Dinge dieser Welt: ein Ewigkeitsschicksal stand auf dem Spiel. – „Frau Cook", fragte ich, als ich mich über sie beugte, „sind Sie bereit, zu sterben, haben

Sie eine Hoffnung?" — „Nein", murmelte sie, und ein tiefer Seufzer kam über ihre Lippen.

So klar wie ich vermochte, erzählte ich ihr den wunderbaren Heilsplan Gottes, kniete nieder, betete mit ihr und sang ihr dann leise die Verse:

„So wie ich bin, so muß es sein,
nicht meine Kraft, nur du allein,
dein Blut wäscht mich von Flecken rein,
o Gottes Lamm, ich komm!
Grad' wie ich bin, nimmst du mich an,
die Sündenschuld ist abgetan,
weil ich auf dein Wort trauen kann.
O Gottes Lamm, ich komm, ich komm!"

Als ich den zweiten Vers sang, hörte ich ihre Stimme, wie sie schwach und matt mitzusingen versuchte. Manchmal konnte ich die Worte unterscheiden, aber meist blieben sie unverständlich, bis ich zur letzten Zeile kam. Da sang sie mit Herz und Mund: „O Gotteslamm, ich komm!"

Und sie kam — in der vollen Gewißheit des Glaubens. Ich verließ sie und wußte, daß alles in Ordnung war, daß sie heimging zu ihrem himmlischen Vater.

Sie war ein Mitglied der Kirche gewesen — aber — unbekehrt. Das gerade war ihre große Not, denn das Wort Gottes sagt klar und mit Nachdruck: „Es sei denn, daß ihr euch umkehret, so werdet ihr nicht ins Himmelreich kommen" (Matth. 18, 3). Auf dem Heimweg überfiel mich eine große Traurigkeit im Gedanken an die ungeheure Verantwortung der Menschen, die andern die Mitgliedschaft in einer Kirche oder Gemeinde gewähren, ohne daß sie „wiedergeboren" sind.

Ich sah Frau Cook nicht mehr, bis ich an ihrem Sarge stand und ihr wächsernes Gesicht mir todkalt entgegenblickte. Als ich ihre Begräbnispredigt hielt, entschloß ich mich, mehr denn je alles beiseitezulegen und mich rückhaltlos in die Arbeit zu stellen, Menschen für die Ewigkeit bereitzumachen.

Seelen gewinnen

Je länger ich die Schrift erforsche, desto stärker bin ich davon überzeugt, daß es die wichtigste Aufgabe der Gemeinde ist, verlorene Menschen für Jesus Christus zu gewinnen.

Unter vielen anderen sind es im wesentlichen vier Stellen, die das klar und eindeutig hervorheben:

Von Gott aus gesehen, finden wir, daß „Jesus Christus in die Welt gekommen ist um Sünder selig zu machen" (1. Tim. 1, 15), daß „der Sohn des Menschen gekommen ist, zu suchen und zu retten, was verloren ist" (Luk. 19,10). Es war die erste Absicht des Herrn, als er auf die Erde kam, die Verlorenen zu suchen und zu retten. Eine Sendung also zur Errettung und Wiedergeburt, nicht zur gesellschaftlichen Verbesserung und Reformation.

Vom Menschen aus gesehen heißt es: „Aufzutun ihre Augen, daß sie sich bekehren von der Finsternis zu dem Licht und von der Gewalt des Satans zu Gott" (Apg. 26, 18). Der Mensch lebt in Finsternis; seine Augen müssen geöffnet, er selbst muß zum Licht geführt werden. Er steht unter der Gewalt Satans, deshalb muß er befreit und zu Gott gebracht werden. Das war die Sendung des Paulus.

Die ganze Absicht ist zusammengefaßt in Apostelgeschichte 15, 14, wo es heißt, daß Gott die Heiden heimgesucht hat, um „ein Volk für seinen Namen anzunehmen". Das hat Gott in den letzten 1900 Jahren getan, das ist das Werk des Heiligen Geistes in der Gegenwart. Er sammelt den Leib Christi, seine Gemeinde aus allen Völkern und Sprachen der Welt.

Das also ist die Absicht Gottes bei der Heimsuchung der Heiden, so sagt er in seinem Wort, und das auch bedeutet die Sendung des Heiligen Geistes in die Welt. Dann aber ist es auch Gottes Wille, daß wir unter Seiner Führung unser Teil zur Sammlung der Gemeinde beitragen, denn Gott bedient sich menschlicher Werkzeuge.

Es gibt Menschen, die die Verantwortung für das Gewinnen von Seelen von sich abzuwälzen versuchen, indem sie sagen, daß einer sät und ein anderer erntet. – Nun, angenommen, du hast in deinem Garten tüchtig gesät, und im Herbst kommt jemand, der das sieht und sagt: „So, mein Freund, du hast ja nun das Deine getan, du hast im Glauben gesät! Jetzt ist die Zeit der Ernte gekommen, da will ich das Gemüse und die Früchte sammeln, die du gesät hast; denn du weißt ja: Der eine sät, der andere erntet!"

„O nein", würdest du sagen, „in diesem Garten habe ich für mich gesät! Du willst doch wohl nicht verlangen, daß ich alle Früchte meiner Arbeit dir überlassen soll? Ich will selber ernten!"

Und das tust du dann auch, denn die Erklärung, daß „der eine sät und der andere erntet", gilt – jenem Streit zufolge – ja nur für das Geistliche!

Oder?

Wäre das nicht absurd?

Gott hat ganz klar und mit Nachdruck betont, daß jeder seiner Knechte Frucht bringen soll. „Ich habe euch gewählt und gesetzt, daß ihr Frucht bringet" (Joh. 15, 16). Manchmal bin ich der, welcher sät, zu anderen Zeiten genau so gut der, der erntet.

Von Satan auf das Nebengleis geschoben

Wenn es die wichtigste Aufgabe der Gemeinde ist, Seelen zu gewinnen, dann folgt ganz natürlich, daß Satan alles daransetzen wird, uns davon abzubringen und uns mit anderen Dingen zu beschäftigen. Das ist sehr deutlich festzustellen.

Tausende widmen sich der Sozialarbeit einschließlich der Erziehung, Philantropie, den reformatorischen Werken und vielem anderen. Aber Sozialarbeit bedeutet nicht Menschenrettung, und Reformation ist keine Wiedergeburt. Bei dem einen geht es um das irdische Leben, bei dem anderen um die Ewigkeit. Daß wir doch am rechten Platz beginnen möchten! Bringt einem Menschen das Heil, und bald wird er selbst aufräumen und reformieren!

Unzählige stehen in der sogenannten Gemeindearbeit. Sie organisieren musikalische Abende, Wohltätigkeitsveranstaltungen, sind in vielen Komitees und verbunden mit den verschiedensten Arten von Organisationen. So zehren sie sich auf und meinen, sie stünden im Dienst des Herrn. Sie werden aber nicht fünf Minuten lang in einer Nachversammlung versuchen, Seelen zu Christus zu führen.

Es würde unmöglich sein, ihnen klarzumachen, daß sie Gott einen viel größeren Dienst tun könnten, wenn sie eine Stunde lang von Tür zu Tür gingen, um Traktate zu verteilen und von Jesus zu zeugen, als wenn sie eine Woche lang Karten für besondere Veranstaltungen verkaufen. Mit ihrer „Gemeindearbeit" sind sie so beschäftigt, daß sie für die Verlorenen gar keine Zeit mehr haben. Möge Gott uns von diesen falschen Vorstellungen bezüglich seines Werkes befreien und uns in die großen Wahrheiten einführen, denen wir als seine Botschafter begegnen.

Wollen wir das geistliche Leben einer Gemeinde messen, müssen wir uns ihrer Haltung den Ungläubigen gegenüber vergewissern. Der Jahresbericht mag erzählen von großen Arbeitsleistungen und großartigen Geldbeträgen, die zu Wohltätigkeitszwecken verausgabt wurden; ist aber kein Bericht über neues Leben dabei, dann ist der geistliche Stand dieser Gemeinde sehr niedrig. Bibelwochen mögen gehalten und Schriftkenntnis mag vermittelt worden sein. Wenn es aber damit aufhört, ist die ganze Arbeit in den Augen Gottes vergebens gewesen. Menschen sind verloren und müssen gerettet werden, und wenn eine Gemeinde diese Grundwahrheit übersieht, geht sie weit in die Irre. Das Ergebnis wirklichen geistlichen Lebens sind immer für Christus gewonnene Menschen.

Das also ist unser wichtigster Dienst. Wie herrlich, mit Gott in diesem großen Werk verbunden zu sein! Laßt uns umkehren, Brüder, zu unserer Liebe zu den Weltmenschen! Wie haben wir einst dieses Anliegen getragen, wie ernsthaft haben wir für diese Menschen gebetet und die Arbeit unter ihnen verfolgt! Haben wir jedes Gefühl für sie verloren? Rührt uns der schreckliche Fluch nicht mehr, der auf den Ungläubigen lastet? Hat Satan uns so abgelenkt, daß wir unseren wichtigsten Dienst vergessen konnten?

Dann möge Gott in seiner großen Gnade uns die Augen öffnen, uns befreien von allen Nebensächlichkeiten, in die Satan uns so schlau zu locken verstanden hat, und uns an die eine große Aufgabe der Gemeinde stellen, Menschen für Jesus Christus zu gewinnen.

Kapitel IX

EINSATZ DES LEBENS

Gott hat einen Plan für jedes Leben. Sein Plan für Jeremia war fertig, bevor dieser das Licht der Welt erblickte. Er hat auch für dein Leben seinen Plan. Deshalb kann kein Mensch restlos glücklich sein, bevor er diesen Plan Gottes nicht restlos erkannt hat und ihm zustimmt. Bist du oft unzufrieden, verzagt oder elend? Vielleicht hast du dich geweigert, seinen Plan anzunehmen? Vielleicht hast du darauf bestanden, deinen eigenen Weg zu gehen? Und nun fragst du: „Wie soll ich Gottes Plan erkennen?" Diese Frage kann ich nicht für dich beantworten, vielleicht aber kann ich es dir mit Gottes Hilfe leichter machen, die Entscheidung zu treffen.

Als Jünger Jesu hast du nur ein einziges großes Ziel: die Vollendung des Reiches Gottes. Die Interessen dieses Reiches sind dein Lebensinhalt. Das Werk Gottes ist von überragender Bedeutung. Alles andere tritt in den Hindergrund. Jesus hat dieses sein Werk niemals allein den Predigern anvertraut, sondern hat es jedem Bruder und jeder Schwester ans Herz gelegt. Jeder Gläubige hat seinen besonderen Teil zu tragen. Gott verläßt sich auf dich und mich. Er vertraut uns. Wenn es also unser Ziel ist, dem Reich Gottes zu dienen, so ergibt sich notwendigerweise dieser

Dienst als höchste Triebkraft

Es geht nicht um Mark und Pfennige, sondern um Dienst. Wer den Lebenserfolg nach Geld bemißt, dem ist die wahre Bedeutung von Erfolg noch nicht aufgegangen. Es gibt einen anderen, weit höheren Standpunkt. Daß wir ihn doch erkennen möchten! Hört die warnende Stimme des Meisters selbst, wenn er sagt: „Sehet zu und hütet euch vor dem Geiz, denn niemand lebt davon, daß er viele Güter hat" (Luk. 12, 15).

Die Mehrzahl von euch, die ihr diese Worte lest, will ihr Leben dem beruflichen Vorwärtskommen widmen. Ihr glaubt, daß ihr so dem Reich Gottes am besten dienen könnt. Vielleicht habt ihr recht, es liegt nicht an mir, das zu beurteilen. Alles, worum ich bitte, ist nur das, daß ihr euer Leben im Dienst für den Herrn einsetzt. Mit andern Worten, wenn du dem Reich Gottes am besten als Kaufmann dienen kannst, dann werde Kaufmann, wenn als Rechtsanwalt, dann werde Rechtsanwalt, wenn aber als Stenotypistin oder Arzt, dann sollst du in jedem Falle diesen Beruf ergreifen. Gott hat es so geordnet, daß Geld zur Durchführung seines Werkes nötig ist. Es kann sein, daß du in dieser Weise das Werk unterstützen sollst. Wehe aber denen, die aus dem Mittel ein Ziel machen und für eigene Zwecke aufsparen, was sie zur Verherrlichung Gottes gebrauchen sollten! Hütet euch, daß ihr Ihm nicht Geld anbietet, wenn Er euer Leben fordert!

Viele von euch sind sicher noch jung, und an sie möchte ich mich ganz besonders wenden, denn vor euch liegt ein großes Betätigungsfeld, und ihr habt eine gewaltige Verantwortung zu tragen. Ihr seid es, die ihr vor der Wahl eurer Lebensarbeit steht. Ich möchte euch leiten in dieser Wahl. Es hängt so viel von einer erfolgreichen Laufbahn ab, so viel davon, wie ihr die Dinge seht. Ihr habt ein Leben einzusetzen, habt das Verlangen, es nach Gottes Plan zu gestalten, aber der Weg scheint dunkel zu sein. Es gibt so viele Dinge, die ihr gern tun würdet, daß die Entscheidung schwer fällt. Gibt es keine Hilfe in einer solchen Krisis, keinen leitenden Stern? Ich glaube doch. Es scheint mir, daß beim Einsatz unseres Lebens der Platz den größten Anspruch hat, wo die größte Not herrscht.

Brauchen wir heute mehr Geschäftsleute oder mehr Verkündiger, mehr Rechtsanwälte oder mehr Missionare, mehr Ärzte in unseren Ländern oder in China oder Indien? Brauchen wir mehr Stenotypistinnen in Deutschland oder Arbeiter und Arbeiterinnen im Fernen Osten? Wir sind uns alle darüber einig, daß die Geschäftswelt keinen solchen Mangel hat wie jene Missionsfelder. Dorthin möchte ich eure Blicke richten, wo man nach Arbeitern ruft, weil die Not dort größer ist als irgendwo anders.

Der Dienst des Verkündigers

Nehmen wir zum Beispiel die Verkündiger des Wortes. Welche große Not tut sich uns da auf! Junger Mann, suchst du ein wirkliches Betätigungsfeld, einen Dienst, der dich reichlich belohnt? Dann gib dich hin zum Dienst des Verkündigers. Dort wirst du gebraucht, und vielleicht tut es auch dir not. Ich kenne keinen Ruf, der so viel Freude bringt, noch habe ich selbst es je bereut, diesen Dienst zu meiner Lebensaufgabe gemacht zu haben.

Warum wirst du kein Verkünder des Evangeliums? Vielleicht ist gerade das der Plan Gottes für dein Leben? Ist dir dieser Gedanke noch nie gekommen? Siehst du diesen Dienst als zu hoch und zu geheiligt für dich an? Bedenke doch, daß er von gewöhnlichen Menschen, so wie du einer bist, ausgeübt wird, die lediglich dem Ruf Gottes gefolgt sind. Oder warst du bisher gewohnt, Erfolg nach Mark und Pfennigen zu bemessen? Ich versichere dir, daß ein Arbeiter im Weinberg des Herrn als solcher niemals reich werden kann. Willst du aber sagen, daß Moodys Leben erfolglos war, nur, weil er nie reich wurde? Oder daß Spurgeons Leben nichts taugte, weil er als armer Mann gestorben ist? Gott helfe uns, von solchen Anschauungen frei zu werden! Erfolg kann man niemals in Dollar messen, sondern höchstens am Dienstverhältnis jedes einzelnen.

Sollte der Fehler bei deinen Eltern liegen, haben sie dir so viel vom Geldverdienen erzählt, daß das jetzt die größte Aufgabe für dich ist?

Das Missionsfeld

Fast zögere ich, darüber zu sprechen, doch muß einiges angeführt werden. Möge der Herr es mich so sagen lassen, daß jedes Herz davon erfüllt wird!

Ich nehme ein Buch zur Hand, das die Verhältnisse der nichtchristlichen Welt beschreibt, und mein Herz brennt in mir, während ich von dieser schrecklichen Finsternis lese. Zwei Drittel der Menschheit weiß heute noch nichts von Christus. Täglich sterben Tausende, die den Namen Jesus nie gehört haben. Afrika, „die offene Wunde der Welt", mit seinen 400 Millionen Menschen ruft nach Arbeitern. Indien, das arme Land der Witwen und Waisen, dessen 600 Millionen sich müde nach dem Licht ausstrecken, bis sie gleichgültig werden! China, ein Viertel der Erde, völlig hilflos, .ohne Christus — wie lange noch? Herr, wie lange?

Und doch hieß Sein letzter Befehl: „Gehet hin in alle Welt und predigt das Evangelium aller Kreatur!" 1900 Jahre sind verstrichen, und wir haben noch nicht gehorcht. Ja, junger Mann, und auch du, junges Mädchen, dich geht es genau so an — suchst du ein Leben des Dienstes und Opfers, aber auch ungeteilter Freude, dann folge dem Notschrei, der von draußen kommt. Nicht eine einzige Gabe hast du, die Gott dort nicht gebrauchen könnte.

Von jungen Mädchen wird vor allem anderen immer wieder die eine Entschuldigung vorgebracht: „Ich werde zu Hause gebraucht!" Häufig sagt die Mutter: „Wir können ohne sie nicht auskommen, wir müssen sie zu Hause haben!"

Höre! Es kommt die Zeit, da deine Tochter heiratet, und dann mußt du sie doch hergeben. Irgendwie ist sie dann plötzlich nicht mehr nötig zu Hause, zumindest kann sie nun entbehrt werden und — geht. Weißt du, was geschehen ist? Einem irdischen Bräutigam hast du sie gegeben, dem himmlischen aber verweigert. Jesus, dein Heiland und ihr Heiland, hatte sie zuerst geworben und gewonnen. In Liebe hatte er sie aufgefordert ihm zu folgen. Du gabst ihm zur Antwort: „Nein, Herr, ich kann sie nicht entbehren!" — Später kam ein irdischer Bräutigam und — du weißt selbst, wie es weiterging. Ich frage mich, was du Ihm antworten willst, wenn du Ihm begegnen wirst. Erinnerst du dich noch, daß Er gesagt hat: „Wer Vater und Mutter mehr liebt als mich, ist meiner nicht wert"? (Matth. 10, 37).

Junger Mann, junge Frau, heute rufe ich dich zum Dienst. Ich habe nur drei besondere Notgebiete gezeigt, aber es gibt viel, viel mehr. Die ganze Frage löst sich so: „Bist du bereit, den Plan Gottes für dein Leben anzunehmen?" Wenn ja, dann wirst du dein Leben ganz in seinen Dienst stellen und bestrebt sein, den Platz mit der größten Not zu finden. Jesus gab alles für uns. Haben wir nichts, das wir Ihm geben können? Gott hatte nur einen Sohn und machte Ihn zum Missionar. Können wir mit nichts antworten? Er selbst hat uns gelehrt, was den wahren Jünger kennzeichnet. „Wer mir nachfolgen will, der verleugne sich selbst, nehme sein Kreuz auf sich und folge mir nach, denn wer sein Leben behalten will, der wird es verlieren, und wer sein Leben verliert um meinetwillen, der wird es finden. Denn was nützte es dem Menschen, wenn er die ganze Welt gewönne, und doch Schaden erlitte an seiner Seele?" (Matth. 16, 24–26).

Kapitel X

GEH UND SAG'S DEN ANDEREN

Es ist Abend. Der letzte zögernde Strahl der Sonne ist hinter dem Horizont verschwunden. Die kühlere Luft der herannahenden Nacht hat die erstickende Hitze des Tages verdrängt. Die langen, dunklen Schatten der Stadtmauer sind verschwunden. Dämmerung herrscht überall.

Ab und zu kommt von irgendwoher aus den Mauern ein schwacher, klagender Schrei. Vielleicht ist es das Weinen eines Kindes, das vom Hunger geplagt wird. Die Syrer haben das Land verwüstet und die Stadt Samaria umzingelt. Tage sind vergangen, die Lebensmittel sind knapp geworden, und Hilfe scheint weiter entfernt als zu Anfang.

An diesem Abend hätte man vier Aussätzige außerhalb der Stadtmauern beobachten können. Sie sind so schwach vor Hunger, daß sie kaum in der Lage sind, sich zu bewegen. Der letzte Bissen ist verzehrt. Sie sind am Ende und werden

den kommenden Tag wohl nicht mehr überleben. Was sollen sie da noch tun? In die Stadt zu gehen, wird ihnen auch nichts nützen, denn dort gibt es seit langem keine Nahrung mehr. Bleiben, wo man ist, bedeutet ebenfalls Hungertod. Gehen ist Tod — Bleiben ist Tod! Was ist zu tun? Gibt es keine Möglichkeit der Rettung? Sie könnten sich gefangen geben — dann werden sie auch getötet. Ob man sie vielleicht aber doch am Leben ließe? Die Wahrscheinlichkeit steht eins zu hundert dagegen. Aber das Leben ist kostbar, selbst für einen Aussätzigen, und sie entscheiden sich für das Wagnis. Müde schleppen sie sich über das freie Feld, während sich die Dämmerung vertieft, und erreichen endlich den Rand des Lagers. Alles ist still. Kein Fußtritt ist zu hören. Vorsichtig bahnen sie sich einen Weg von Zelt zu Zelt. Keine Menschenseele! Die Syrer sind geflohen! Ja, geflohen — und haben alles zurückgelassen. Lebensmittel werden in Hülle und Fülle gefunden — sie sind gerettet!

Wie hungrige Wölfe fallen sie über die Vorräte her. Sie sättigen sich erst einmal selbst, bevor sie weiterdenken. Schließlich, nachdem sie gegessen haben, wie es nur Hungrige können, werden sie plötzlich von dem Gedanken an die Tausende befallen, die innerhalb der Stadtmauern verhungern, während Nahrung zum Greifen nahe liegt.

„Aber einer sprach zu den andern: Laßt uns nicht also tun; dieser Tag ist ein Tag guter Botschaft. Wo wir das verschweigen und harren, bis daß es lichter Morgen wird, wird unsere Missetat gefunden werden; so laßt uns nun hingehen, daß wir kommen und es ansagen im Hause des Königs" (2. Kön. 7, 9). Und mit dankbarem Herzen für all das Gute, das ihnen zugefallen war, entschlossen sie sich, es den andern zu sagen. So wurde die Stadt gerettet. — Daher unser Auftrag: Geh und sag's andern!

Geht und sagt's weiter! Der Befehl, den Christus selbst seiner Gemeinde gab, als Er sagte: „Geht hin in alle Welt und predigt das Evangelium“, ist sein Wille für jeden Gläubigen. Wenn er heute hier wäre, würde angesichts der Millionen, die nie seinen Namen gehört haben, sein erstes Wort an uns wieder sein: „Geht hin und sagt's den andern!“

1. Wir haben etwas

Diese vier Aussätzigen hatten für den Augenblick alles, was sie brauchten. Sie hatten gehungert und waren gesättigt worden. Sie waren hoffnungslos und wurden mit neuem Mut erfüllt. Sie waren traurig und verzweifelt gewesen und wurden froh und glücklich. War es verwunderlich, wenn sie sagten: „Laßt uns nicht also tun. Dieser Tag ist ein Tag guter Botschaft“?

Was aber, Brüder, hatten sie im Vergleich zu dem, was du und ich an Jesus Christus haben? Ihre Errettung war körperlich und zeitlich, unsere ist geistlich und ewig. Sie sind vom Hunger, wir aber von der Macht der Sünde befreit worden. Bedenkt doch: Vergebung, unsere Herzen gereinigt durch das Blut Jesu Christi, Gott gegenwärtig in unserem Leben – Freude, Friede, Wohlsein, die Hoffnung des Lebens nach dem Tode, Wiedervereinigung mit unseren Lieben, der Himmel mit all seiner Herrlichkeit, und über allem Jesus Christus selbst, unsere Hilfe in der Not, unser Führer in der Finsternis, unsere Kraft und Zuversicht im Tode! Ganz gewiß haben wir etwas, das des Weitergebens wert ist. Wollen wir selbstsüchtig sein, oder wollen wir uns verhalten wie jene vier Aussätzigen der hungernden Stadt gegenüber? Wollen wir hingehen und es den anderen sagen?

2. Weil sie etwas brauchen

Innerhalb der Mauern Samarias starben buchstäblich Tausende von Männern und Frauen den Hungertod. So schrecklich war die Lage, so groß war die Not, daß Mütter ihre eigenen Söhne verzehrten, um ihr Leben dadurch hinzuhalten. Können wir uns größere Not vorstellen? Die Lebensmittel, die man so notwendig brauchte, wurden mit Gold aufgewogen. – Die vier Aussätzigen, die darum wußten, beschlossen, hinzugehen und den Städtern von ihrer Befreiung zu sagen.

Überall gibt es Männer und Frauen, die nach dem Brot des Lebens hungern, und wir können ihrer Not ein Ende bereiten. Der Mann, der Tag für Tag neben uns arbeitet, kennt vielleicht Christus noch nicht. Und wir haben mit ihm noch nie darüber geredet. Nimm den Kreis deiner Freunde, mit denen du in Verbindung stehst! Wir für unseren Teil haben die frohe Botschaft gehört, und Jesus ist unser Heiland geworden. Was aber wird aus ihnen? Haben wir ihnen gesagt, was Jesus uns bedeutet? Haben wir je versucht, ihnen in ihrer Not zu helfen?

Weit entfernt in Afrika, Indien, China und Japan gibt es Millionen von kostbaren Seelen, für die Er gestorben ist, und doch haben sie noch nicht einmal seinen Namen gehört. Sie hungern nach der guten Botschaft! Ihr Zuhause besteht oft aus erbärmlichen Hütten, und in vielen Fällen müssen sie mit drei oder vier Mahlzeiten in der Woche auskommen. Der Hunger geht durch jene Länder, und Krankheit und Tod folgen seiner Fährte. Unmoral wird durch die Religion geheiligt – ihre Götter sind Götzen. Sie leben in der fortgesetzten Furcht vor teuflischen Geistern und Dämonen jeder Art. Ihre Religionen bringen ihnen keine Hoffnung. Das Leben selbst ist eine Last für sie. Wir aber haben, was ihnen fehlt! Sollen wir nicht hingehen und es ihnen sagen? Sie brauchen uns doch! Und das letzte Gebot dessen, den wir lieben und dem wir dienen, lautet: „Gehet hin!" Und doch sind 1900 Jahre vergangen, ohne daß die Welt evangelisiert wurde. Sie sterben und gehen verloren aus Mangel an Licht. Werden wir gehen und es ihnen bringen?

3. Das Verschweigen ist gefährlich

Es ist gefährlich für uns selbst. Hören wir die Warnung unseres Textes: „Wo wir das verschweigen und harren, daß es lichter Morgen wird, wird unsere Missetat gefunden werden." Sie durften nicht zaudern, die frohe Botschaft nicht zurückhalten. Die Strafe wäre ihnen nicht erspart worden. So gingen sie, ohne weiter zu zögern hin und brachten sie den anderen.

Das Evangelium hat uns gefunden, und durch das versühnende Blut Christi sind wir geheilt. Aber es kann uns auch gefährlich werden, denn wir können nicht stille stehen – wir müssen vorwärts oder rückwärts gehen. Das Geheimnis des Wachstums im Leben eines Gläubigen ist Tätigkeit. Wenn wir uns stille verhalten und nichts für Christus tun, werden wir schwächer und schwächer, kälter und kälter, bis endlich unsere ganze Aufmerksamkeit Gott gegenüber geschwunden ist und wir aus der Gemeinde zurück in die Welt gehen, wo unser Stand schlechter sein wird als zuvor. Eine der ersten Anforderungen christlichen Lebens ist Dienst. Wir müssen für Christus arbeiten. Wir sind nicht errettet um des Errettetseins willen oder lediglich, um der Hölle zu entrinnen und in den Himmel zu kommen. Das wäre reine Selbstsucht. Wir wurden errettet, um zu dienen, und wenn wir kein Arbeitsfeld finden, werden wir in Untätigkeit zugrunde gehen. Wenn ich meine Muskeln nicht gebrauche, werde ich bald feststellen müssen, daß ich sie nicht mehr gebrauchen kann. Der Hindu-Asket, der seinen Arm wochenlang in die Luft streckt, kann ihn nachher gar nicht mehr herunter bekommen.

Leider muß ich sagen, daß es Tausende von Gläubigen gibt, die nie den Mund für ihren Meister auftun. Wenn es gilt, bei einer Zusammenkunft Zeugnis abzulegen, schweigen sie, obwohl sie zu Hause sehr gut reden können. Sie unterhalten sich lebhaft mit ihrem Nachbarn, aber sobald das Gespräch auf Gott kommt, werden sie hoffnungslos stumm. Sie haben Angehörige in ihren eigenen Häusern, die Christus nicht kennen, aber sie fürchten sich, ihnen ein Wort zu sagen.

Wenn wir nicht hingehen und weitergeben, werden wir selbst immer kälter und gleichgültiger werden. Unser Lohn wird auf einen andern übergehen, und wir werden einen unaussprechlichen Verlust erleiden. „Wenn ich zu dem Gesetzlosen spreche: ‚Du sollst gewißlich sterben', und du warnst ihn nicht und redest nicht, um den Gesetzlosen vor seinem gesetzlosen Wege zu warnen, um ihn am Leben zu erhalten, so wird er, der Gesetzlose, wegen seiner Ungerechtigkeit sterben, aber sein Blut werde ich von deiner Hand fordern" (Hes. 3, 18). Diese Warnung ist ernst genug: „Sein Blut will ich von deiner Hand fordern!"

„Laßt uns nicht also tun!" erklärten die Aussätzigen, „dieser Tag ist ein Tag guter Botschaft. Wo wir dies verschweigen und harren, bis daß es lichter Morgen wird, wird unsere Missetat gefunden werden; so laßt uns nun hingehen, daß wir kommen und es ansagen dem Hause des Königs." Möchten wir so hingehen und es weitersagen wie jene vier Aussätzigen! Die Welt braucht unsere Botschaft. Menschen verderben ohne Christus. Es ist die Aufgabe jedes einzelnen von uns, hinzugehen und zu zeugen.

Kapitel XI

DAS GEHEIMNIS DER KRAFT UND DES SEGENS DES HEILIGEN GEISTES

Manche Menschen werden von Gott gebraucht, manche nicht. Manche arbeiten in der Vollmacht des Heiligen Geistes, während andere unter der Herrschaft des Fleisches arbeiten. Manche empfinden die Arbeit Gottes als lästig; anderen ist sie Freude und Wonne. Viele sind immerzu auf der Suche, und sie wissen nicht, wonach. Wieder andere haben Erfüllung und Ruhe gefunden.

Erfahrung

Es gibt Menschen, die sich auf den Gedanken versteift haben, sie wären für immer zufrieden, wenn sie doch nur irgendeine großartige, ungewöhnliche, außerordentliche Erfahrung machen dürften; sie würden dann mächtige Gottesmänner werden. Sie haben die Biographien von Wesley, Finney und Moody gelesen und entdeckt, daß alle diese Männer ein solches Erlebnis gehabt hatten — eine ganz besondere Offenbarung der Gegenwart Gottes. Und — so argumentieren sie — wenn sie nur auch zu einem ähnlichen Erlebnis kommen könnten, dann würden auch sie geistliche Riesen werden.

Und mit solchen Visionen vor Augen machen sie sich dann auf die Suche. Zahllose Stunden verbringen sie mit Beten und Fasten. Sie bekennen ihre Sünden und sagen sich von ihnen los. Manchmal wird Genugtuung geleistet. Sie lassen die Arbeit liegen und widmen jeden Augenblick lautem Schreien und verzweifeltem Flehen um die Kraft des Heiligen Geistes.

Und, auch das muß gesagt werden, in vielen Fällen finden ihre Gebete Antwort. Sie haben wirklich ein derartiges Erlebnis. Und dann reden sie von diesem Erlebnis. Sie rühmen sich seiner. Es ist ihr eines und einziges Zeugnis. Und die Menschen, die ihnen zuhören, erzittern: „Ach hätten wir doch nur eine ähnliche Offenbarung!", rufen sie aus. Und eine Zeitlang wandeln sie auf den Höhen des Glaubens. Es gibt keine Dunkelheit. Die Sünde ist völlig gewichen – so will es scheinen. Es gibt keine Versuchungen. Jeder Tag ist ein Freudentag, und alles ist gut, denn endlich, endlich haben sie die Kraft; der Geist wurde über sie ausgegossen, und in dieser wunderbaren Vollmacht spenden sie das Wort des Lebens.

Allmählich aber, wenn die Zeit fortschreitet und Gott sie ehrt, nehmen sie die „Heiliger-als-Du"-Haltung an. Nach und nach wird ihr Kreis enger. Andere Christen beobachten sie zunächst und ziehen sich dann leise zurück. Anzeichen von Stolz, geistlichem Stolz, werden sichtbar. Sie verlangen, daß alle anderen dasselbe erhalten wie sie. Dann folgt Spaltung, Streit und Uneinigkeit, und schließlich Versuchung, Sünde und Dunkelheit.

Lehre

Andere wiederum konzentrieren sich auf die Lehre. Sie lesen viele Bücher, studieren viele menschliche Meinungen und erfahren, was dieser oder jener Lehrer denkt. Um ihre Theorien zu erklären, gebrauchen sie Worte, die nicht in der Bibel stehen. Wenn sie sich nur die Lehre richtig aneignen können, dann – und davon sind sie fest überzeugt – gehört ihnen auch die Erleuchtung.

Sobald sie die Lehre erfaßt haben, sind sie sicher, daß sie auch wirkt, und sie predigen sie nach bestem Vermögen. Die Leute kommen und werden gesegnet und ermutigt, dasselbe zu glauben, um so den Segen zu erlangen. Aber später, wenn die Glut erkaltet ist und die Freude Flügel bekommen hat und entschwunden ist, dann ist kein Segen mehr da, obwohl sie immer noch dieselbe Lehre haben. Zuletzt geraten sie in die Knechtschaft und werden abtrünnig. Und wieder gibt es Spaltung und Streit. Andere Christen ziehen sich zurück, und sie stellen fest, daß sie nur noch in einem sehr kleinen Kreis wirken; er setzt sich zum größten Teil aus Leuten mit ähnlichen Lehren zusammen, die jedoch ohne die Kraft des Geistes sind, während die Gemeinde teilnahmslos ist.

Und doch waren sie ernsthaft, ja, ernsthaft und aufrichtig. Sie wollten das Beste für Gott. Aber weder Lehre noch Erfahrung kann Geistlichkeit zeugen. Entscheidend ist die Praxis. Ich würde daher lieber im Kopf unrecht und im Herzen recht haben, als im Kopf recht und im Herzen unrecht. Mir wäre es lieber, meine Praxis wäre richtig und meine Theorie falsch, als daß meine Theorie richtig und meine Praxis falsch wäre.

Ich setze die Erfahrung nicht herab, keineswegs. Wesleys und Finneys und Moodys Erlebnisse waren echt. Ich würde keine besondere göttliche Offenbarung suchen, aber ich würde Gott danken, wenn sie käme. Da wir jedoch unseren Weg aus dem Glauben heraus gehen sollen, und nicht, weil wir gesehen, gefühlt oder erfahren haben, würde ich die Kraft des Geistes nicht davon abhängig machen. Ich würde nicht glauben, ich wäre für alle Zeiten gesalbt, wenn mir auch nur eine einzige große Erfahrung zuteil würde. Erfahrungen kommen und gehen. Entscheidend ist das, was auf die Erfahrungen folgt.

Tägliche Fühlungnahme mit Gott

„Die Welt muß noch sehen," sagte D. L. Moody, „was Gott durch einen Menschen tun kann, der sich ihm ganz ergeben hat." Moody war gesalbt, aber erst sein völlig hingegebenes Leben machte ihn so mächtig, wie er war – anders ausgedrückt: seine tägliche Fühlungnahme mit Gott war es, wo er für jeden neuen Dienst aufs Neue gesalbt wurde.

Nehmen wir zum Beispiel ein Feuer und ein Stück Eisen. Wenn ich das Eisen nun erwärmen will, muß ich es in die Nähe des Feuers legen. Und wenn ich ihm zu einer ungewöhnlichen Erfahrung verhelfen möchte, die es noch nie erlebt hat, dann stoße ich es ins Feuer, und es wird glühend heiß. Aber das deckt nicht etwa seinen Wärmebedarf für alle Zeiten. Es kann nicht sagen: „Jetzt endlich habe ich eine große Erfahrung gemacht, wunderbare Gefühle erlebt, ich bin für alle Zeiten heiß. Und jetzt wird alles, was ich berühre, ebenfalls heiß werden" und in der Annahme, sich selbst zu genügen, das Feuer verlassen und seinem Auftrag nachgehen; es nimmt auch nicht als selbstverständlich an, daß alle Schlakken verbrannt sind und es seine Hitze nun überallhin weitergeben kann. O nein! Bald wird es feststellen, daß es wieder kalt ist und völlig unfähig, Wärme weiterzugeben. Was muß es nun tun? Es muß in der Nähe des Feuers bleiben, und nur so kann es an der Wärme des Feuers teilhaben. Nur dann kann es seine Wärme weitergeben.

Ebenso ist es auch mit dir. Du hast vielleicht ein großartiges Erlebnis. Du hast vielleicht am göttlichen Feuer teil. Du hast vielleicht wunderbare Visionen und Offenbarungen. Aber wenn du dem Feuer der göttlichen Gegenwart nicht täglich nahe bist, wirst du bald kalt und kraftlos sein! Wenn der Heilige Geist in dir wohnen soll, dann brauchst du eine tägliche Verbindung und Gemeinschaft mit Dem, der ihn schenkt. Der Segen ruht nur dann weiterhin auf dir, wenn du in ständigem Kontakt stehst mit Dem, der segnet. Es gibt keinen bequemen Weg. Ich weiß von keiner Erfahrung, die ein ganzes Leben lang ausreichen würde. Der Preis muß bezahlt werden. Und der Preis ist in diesem Falle die tägliche Fühlungnahme mit Gott. Und jenen Preis wollen nur wenige bezahlen. Sie suchen Segen und Offenbarung. Sie ringen verzweifelt, und sie beten. Aber sie vernachlässigen jenes tägliche Verbundensein mit Gott, das aufrichtet und zurechtrückt.

Hast du einen Platz, an dem du Gott begegnest? Und hast du Zeit? Oder bist du zu sehr beschäftigt? Beachtest du die ‚Morgenwache', die ‚Stille Zeit'? Ist Jesus Christus eine Wirklichkeit für dich? Kennst du ihn? Oder bist du ihm nur vorgestellt worden? Du bist ihm begegnet, natürlich bist du das. Du bist ihm begegnet, als du bekehrt wurdest. Aber kennst du ihn? Bist du mit ihm bekannt geworden? Kommst du regelmäßig mit ihm zusammen? Was bedeutet er dir? Ich bin schon vielen Menschen begegnet, aber ich kenne nur sehr wenige. Man muß mit Menschen zusammenleben, wenn man sie kennenlernen will. Das erfordert Zeit. Nimmst du dir Zeit? Du mußt mit Gott wandeln.

Gemeinschaft und Verbindung

Nehmen wir an, deine Frau diente dir treu. Nehmen wir an, sie spülte immer Geschirr, machte Betten, kochte, reinigte das Haus, und das alles für dich. Sag mir, wärest du zufrieden? Nicht, wenn du sie liebst. Ich glaube, es gäbe Zeiten, wo du fast alles dafür geben würdest, wenn sie ihre Arbeit einmal beiseite legte, sich neben dich setzte oder sich an dich schmiegte und zuließe, daß du sie einfach liebtest. Es wäre eine Wonne für dich, wenn sie eben nur für ein wenig Zweisamkeit in ihrer Arbeit innehielte. Will Gott nun deine Arbeit, oder will er dich? Hungert ihn nicht nach Gemeinschaft mit den Seinen? O doch! Und er will jeden Tag mit dir zusammenkommen. Und wenn du am göttlichen Feuer teilhaben willst, dann mußt du ständig mit Ihm in Kontakt bleiben, oder du wirst kalt werden. Du mußt mit Gott leben.

Erinnerst du dich an Maria und Martha? Martha war geschäftig, tätig, immer an der Arbeit. Sie wollte etwas für Jesus leisten. Martha hatte keine Zeit für Zweisamkeit und Gemeinschaft. Ihre Zeit war mit Dienen ausgefüllt, während Maria zu seinen Füßen saß. Martha schenkte ihm ihre Arbeit,

Maria schenkte sich selbst. Maria hatte Zeit zur Gemeinschaft. Sie liebte es, mit ihm zu reden. Und wie gerne redete er mit ihr! „Maria hat das gute Teil erwählt", sagte Jesus. Denn Maria kannte ihn so gut, wie es Martha nie vermochte.

Nur zwei Dinge

Du brauchst nicht nach Segen zu suchen. Es ist auch nicht nötig, daß du auf die Fülle des Heiligen Geistes wartest. Es gibt nur zwei Dinge, die Gott verlangen könnte, nur zwei Fragen, die du dir stellen mußt. „Habe ich mich von allem abgewendet, von dem ich weiß, daß es Unrecht ist und den Heiligen Geist kränkt? Habe ich mich mit Leib, Seele und Geist Jesus Christus übergeben? Bin ich sein Sklave?" Das ist alles. Sonst gibt es nichts. Es kann sonst nichts geben. Das wird Gott zufriedenstellen. Was könnte er sonst noch verlangen? Mach dir keine Sorgen über die Lehre. Suche keine Erleuchtung. Ergib dich Ihm ganz. Und dann — dann wirst du voll des Heiligen Geistes werden.

Bleibe voll des Heiligen Geistes, lebe ein geheiligtes Leben, tue weiterhin nichts, was er verdammt, fahre fort, dich ihm bedingungslos zu ergeben und in täglichem Kontakt mit ihm zu stehen. Das ist alles. Es kann sonst nichts geben. Einfach, nicht wahr? Ja, einfach, aber wahr, denn es wirkt. Das ist das Wunderbare daran, es wirkt. Und so findest du Seelenruhe. Du wohnst im Gelobten Land. Du lebst ein vom Geist erfülltes und vom Geist gesalbtes Leben. Denn jene tägliche Fühlungnahme mit Gott ist das Geheimnis der geistlichen Kraft und des Segens.

Kapitel XII

SIEBEN FRAGEN VON LEBENSWICHTIGER BEDEUTUNG

Es gibt sieben Fragen, denen jeder Christ sich stellen sollte, Fragen von so lebenswichtiger Bedeutung, daß man sein geistliches Leben in Gefahr bringt, wenn man sie ignoriert. Wir wollen sie also nacheinander bedenken, und möge Gott uns helfen, sie ehrlich und aufrichtig zu beantworten.

1. Begehe ich irgendeine bewußte Sünde?

„Wo ich Unrechtes vorhätte in meinem Herzen, so würde der Herr nicht hören" (Ps. 66, 18). Er wird nicht einmal auf meine Worte hören. Meine Gebete werden also nicht erhört, solange ich Sünde beherberge.

Beachte bitte, daß ich „bewußte" Sünde gesagt habe, denn es kann sein, daß du dich dem gegenüber siehst, was die Bibel „die Sünde, die uns ständig umstrickt" (Hebr. 12, 1) nennt, irgendeine Sünde, der du von Zeit zu Zeit nachgibst. Vielleicht ist es nur irgend etwas, das dir viel bedeutet, ein Idol, und doch ist es Sünde, und Gott sagt, du sollst es aufgeben.

„Eure Untugenden scheiden euch und euren Gott voneinander, und eure Sünden verbergen das Angesicht vor euch, daß ihr nicht gehört werdet" (Jes. 59, 2).

Die Sünde trennt. Die Sünde verbirgt Gottes Angesicht. Es kann keine Verbindung, keine Gemeinschaft geben, wo es Sünde gibt.

„Es trete ab von Ungerechtigkeit, wer den Namen des Herrn nennt" (2. Tim. 2, 19).

Das ist Gottes Befehl. Wir müssen uns von jeder bewußten Sünde lossagen, wenn Er uns bejahen soll. Ach, laßt uns doch allem den Rücken kehren, von dem wir wissen, daß es Unrecht ist, daß es den Heiligen Geist kränkt. Laßt es uns aus unserem Leben ausscheiden. Wir werden nie Fortschritte als Christen machen, wenn wir nicht mit der Sünde brechen.

Die Sünde ist wie ein Mühlstein; sie will uns immer niederhalten. Und wenn wir ihr nachgeben, werden wir uns wieder danach sehnen. Ein Verlangen befriedigen heißt, es zu einer Flamme entfachen, die nie mehr gelöscht werden kann. Die einzige wirkliche Not, die je das Leben eines Christen bedrohen kann, ist die Qual und Angst des Herzens, in dem Sünde wohnt.

Deshalb laßt uns mit ihr brechen, brechen um jeden Preis, sonst werden wir den „Frieden Gottes, der höher ist als alle Vernunft", niemals kennenlernen. Die Sünde wird uns zugrunderichten, wenn wir sie nicht aufgeben. „Der Weg der Treulosen ist ihr Verderben" (Spr. 13, 15).

Denke an Jesus Christus. Er kann jede Fessel zerreißen und jede Kette aufbrechen. Er kann den Gefangenen freimachen. Und er kann dich freimachen, ja, sogar von der Lieblingssünde, die dich bedrängt. Er kann nicht nur retten; er vermag auch aufrechtzuhalten. Du kannst durch die Kraft seines Geistes, der in dir wohnt, jede bewußte Sünde besiegen. Es macht sich bezahlt, ein „Überwinder" zu sein.

2. *Lebe ich im Gehorsam gegenüber Gottes Willen?*

„Ergebet euch selbst Gott" (Röm. 6, 13).

Habe ich mich ganz ergeben? Ich weiß es, ich singe es. Immer wieder rufe ich aus: „Dein Wille geschehe, Herr", aber meine ich das auch wirklich? Werde ich gehen, wohin er mich sendet? Oder beharre ich immer noch auf meinem eigenen Weg? Und stelle ich mein eigenes Ich vor Christus? Ist er der Herr und Meister meines Lebens?

Gott muß gehorsame Kinder haben. Wenn wir unserem eigenen Willen nachgehen, kann er uns nicht gebrauchen.

„Gehorsam ist besser als Opfer" (1. Sam. 15, 22). Rebellion im Lager ist verhängnisvoll für die Sache. Er braucht

Treue. Schnitzer sind zulässig; über Fehler wird hinweggesehen werden; über Untreue — niemals!

Wenn wir von Gott gebraucht werden sollen, müssen wir gehorsam sein. Wir müssen bereit sein, dahin zu gehen, wohin Gott uns sendet. Es muß sein Weg sein und nicht unserer, seine Wahl und nicht unsere. Und, Gott sei gelobt, wenn wir uns wirklich ihm übergeben, dann werden seine Pläne unsere, und wir haben Freude daran, seinen Willen zu tun.

Wir sollen Gott nicht für jemanden halten, der uns schwere Aufgaben stellt; einen, der darauf besteht, daß wir Dinge tun, die wir nicht gerne tun. Keineswegs. Er ist unser Vater. Er liebt es, uns zum frischen Wasser zu führen. Er pflanzt genau die Wünsche in unsere Herzen, die ihm wohlgefällig sind. Alles, was er verlangt, ist, daß wir uns ihm übergeben, denn wir gehören ihm mit Leib, Seele und Geist. Es kann also keine Gemeinschaft ohne Gehorsam geben.

3. Nehme ich mir jeden Tag Zeit zum Gebet?

Keiner kann siegreich sein ohne Gebet. Keiner kann erfolgreich ein christliches Leben führen, wenn er nicht betet. Wenn du das Gebet vernachlässigt hast, dann bist du schwach. Jene, die mit Gott verbunden bleiben, erneuern ihre Kraft. Wenn du daher nicht in einer Atmosphäre des Gebets lebst, haben die Angriffe des Feindes Zutritt zu dir. Jesus betete. Er verbrachte ganze Nächte im Gebet. Paulus betete. Die Urkirche betete. Alle, die von Gott gebraucht wurden, waren Männer und Frauen, die beteten.

Ich will mir also selbst die Frage stellen: Bete ich? Halte ich meine Verabredungen mit Gott ein? Habe ich täglich eine Verabredung mit ihm, und achte ich sorgfältig darauf, sie einzuhalten? Kennt Gott mich als betenden Menschen? Oder habe ich darin versagt? Wenn ja, dann möge er mir helfen, meinen Vertrag zu erneuern und wieder anzufangen, mich Morgen für Morgen mit ihm zu treffen.

4. Bin ich ein fleißiger Schüler der Schrift?

Das Wort Gottes vernachlässigen bedeutet, mich der Möglichkeit berauben, seine Stimme zu hören, denn Gott spricht durch sein Wort. Wenn ich dem Bibelstudium keine Zeit widme, bin ich also ohne Führung. Mancher Mensch ist in die Irre gegangen, weil er einfach das Wort Gottes ignoriert hat. Nichts kann es ersetzen. Es ist Gottes Wort zum Menschen, und wenn ich Ihn wirklich kenne, dann werde ich auch den Wunsch haben, ihn besser zu kennen. Und je mehr ich sein Wort lese, desto interessanter wird es. Ich werde schließlich feststellen, daß ich nicht ohne es auskommen kann. Es wird meine stärkende Nahrung für die Arbeit des Tages sein.

Am Anfang meines Christenlebens griff ich immer wieder danach. Als ich bekehrt worden war, las ich es täglich. Aber — verlangt mich auch jetzt noch danach? Ist es für mich noch ebenso neu wie in den ersten Tagen, in denen ich es las? Habe ich Freude an den Erfahrungen der Apostel und Propheten? Finde ich immer noch Trost in den Psalmen Davids? Ist das Wort Gottes ein lebendiges Buch für mich, und ernähre ich mich täglich damit?

Vielleicht bin ich schwach. Gott vergleicht sein Wort mit Milch und Fleisch. Wenn ich also stark sein will, muß ich ständig danach greifen. Möge er mir doch helfen, ein fleißiger Schüler seines Wortes zu sein!

5. Bekenne ich Christus in der Öffentlichkeit?

Während der ersten Jahre meines Christenlebens brannte ich danach, Seelen zu retten. Es machte mir Freude, mit ein paar Gottesleuten an der Straßenecke zu stehen und mein Zeugnis zu geben. Ich war glücklich, wenn ich Gelegenheit hatte, in Rettungsmissionen zu arbeiten und Seelen den Weg zu Christus zu weisen. Die Lage derer, die noch nicht gerettet waren, bedrückte mich. In der Glut meiner ersten Liebe zu Christus suchte ich eifrig nach Gelegenheiten, anderen zu erzählen, was er für mich getan hatte. Ich ging heim zu meinen Freunden wie der geheilte Besessene von ehedem.

Aber heute? Habe ich meine erste Liebe verloren? Bin ich kalt und gleichgültig geworden? Brennt das Feuer Gottes nicht mehr in meinem Herzen? Kann ich in die Kirche gehen und an religiösen Veranstaltungen teilnehmen, ohne daß mich der Verlust in irgendeiner Weise bedrängt? Wenn ja, dann warum? Was ist geschehen? Ich singe „Rette, die verloren gehen", aber tue ich etwas zu ihrer Rettung? Ich singe „Sorge für die Sterbenden", aber sorge ich für sie? Und wenn ich die Worte „Weine um die Irrenden" mitspreche — sind meine Augen dann trocken, oder weine ich tatsächlich um die Verlorenen? Habe ich ein herzliches Interesse an der Rettung von Männern und Frauen, die verloren gehen? Wenn nicht, dann stimmt bei mir etwas nicht, und ich sollte mich sofort daranmachen, die Ursache und das Heilmittel zu entdecken. Ich muß Christus öffentlich bekennen. Ich muß ihn bekannt machen. Er hat mir befohlen, Zeugnis abzulegen. Laß mich deshalb wieder Zeuge sein. Bestimmt kann ich christliche Traktate verteilen. Bestimmt kann ich versuchen, durch Briefe die Seelen meiner Freunde für Jesus zu gewinnen. Zumindest kann ich mit den Menschen sprechen, mit denen ich zusammenarbeite. Wenn ich Gottes Stellvertreter sein will, dann muß ich wahrhaftig sein.

6. Gebe ich freimütig, so wie Gott mich beschenkt?

„Gebet, so wird euch gegeben" (Luk. 6,38). Wie wir geben, so gibt auch Gott, denn er will keines Menschen Schuldner sein. Du kannst Gott im Geben nicht überbieten. Mindestens ein Zehntel solltest du für die Arbeit Gottes beiseite legen, und dann noch so viel mehr, wie er von dir verlangt. Wenn du ihm gegenüber gewissenhaft bist, dann wird er auch dir gegenüber gewissenhaft sein. Der Grund, warum heute so viele Not leiden, ist der, daß sie Gott gegenüber nicht ehrlich waren, als sie im Überfluß lebten. Selten wirst du einen Notleidenden finden, der in den Jahren des Reichtums gewissenhaft und systematisch für die Arbeit Gottes gespendet hat. „Die Seele, die da reichlich segnet, wird gelabt, und wer reichlich tränkt, der wird wieder getränkt werden" (Spr. 11, 25).

Aber wenn du gibst, dann überzeuge dich, daß du für eine bestimmte Arbeit gibst, die darauf ausgerichtet ist, Seelen zu gewinnen, und nicht für einen Sozialdienst oder einen Modernismus. Denn Gott wird dich zur Rechenschaft ziehen, wenn du dich nicht vergewisserst, wofür deine Gaben verwendet werden.

Und gib freudig, denn „einen fröhlichen Geber hat Gott lieb." Gib systematisch, Monat für Monat, oder Woche für Woche. Führe mit Gott Buch. Es ist gleich wie du gibst, aber gib, denn „wie sollen sie hören, ohne einen, der predigt?" Wenn die Frohe Botschaft der Welt überbracht werden soll, dann muß jemand die Rechnung bezahlen. Es ist wie beim Wasser. Das Wasser kostet nichts, aber man muß für das Röhrenwerk bezahlen. So ist es auch mit dem Heil. Es kostet Geld, es auf den Weg zu bringen, und wir müssen es bis ans Ende der Erde tragen. In der Sprache des Apostels Paulus wird das Geben zu einer christlichen Gnade, und wenn wir Christen des Neuen Testaments sind, werden wir geben, und wir werden freimütig geben.

7. Tue ich etwas Bestimmtes für den Herrn Jesus Christus?

Wenn ich von Gott gebraucht werden soll, dann muß ich einen Ort und Menschen ausfindig machen, wo ich Zeugnis ablegen kann und nicht das Gefühl habe, daß ich von denen, die um mich sind, verdammt werde. Eine Kirche, die Seelen zu gewinnen sucht, muß meine Heimat werden. Ich bin gerettet worden, um zu dienen, und wenn ich nichts für den Herrn Jesus tue, dann bin ich nicht wahrhaftig gegenüber dem Leitbild, das er mir gegeben hat. Ich bin vielleicht nicht sehr begabt, aber ich kann etwas tun. Ich kann die Kranken besuchen, ich kann am Büchertisch helfen, ich kann ihn bezeugen, ich kann persönliche Arbeit tun. Ich kann etwas tun.

Es gibt Menschen, die darauf warten, gebeten zu werden. Sie gehen zur Kirche, haben teil an den Gottesdiensten, aber denken nie daran, selbst mitzuarbeiten. Sie denken, daß der Pastor schon an sie herantreten wird, wenn er sie braucht, und ihnen sagen wird, was sie tun sollen. Mir scheint es jedoch, daß sie — wenn sie wirklich gerettet sind — von sich aus etwas suchen werden. Paulus' erster Ruf war: „Herr, was willst du, daß ich tun soll?" Und das sollte der Ruf jeder wiedergeborenen Seele sein. Liebe ist Dienst, und jene, die den Herrn Jesus wirklich lieben, werden ihm dienen wollen. Sie werden sich niemals damit zufriedengeben, Drohnen zu sein.

Anstatt auf ihren Pastor zu warten oder auf sonst jemanden, der ihnen sagen soll, was zu tun ist, werden sie sich direkt an Gott wenden und von ihm ihre Anweisungen bekommen. Vielleicht will er, daß sie im Kindergottesdienst unterrichten. Wenn ja, dann werden sie zum Pfarrer gehen und ihre Dienste anbieten. Wenn sie eine gute Stimme haben, werden sie es kaum erwarten können, im Chor mitzusingen, oder wenn ein Orchester da ist und sie ein Instrument spielen können, werden sie mitspielen.

Manche sind vielleicht zum Kirchendiener berufen, andere zum Dienst in den Jugendverbänden, oder als Fürsprecher. Es kann auch sein, daß ein Missionsfeld ruft und daß man sich dringend für den hauptamtlichen Dienst schulen und vorbereiten muß. Eines ist jedenfalls sicher: Sie werden — wenn sie wahrhaftig wiedergeboren sind — erst dann Ruhe haben, wenn sie etwas für den Herrn Jesus Christus tun.

Und so frage ich noch einmal: arbeite ich für Christus? Bin ich aktiv? Ist meine Zeit Gott geweiht? Oder stehe ich immer noch auf der Reserveliste und warte auf einen Ruf? Du weißt, es gibt zwei Arten von Freiwilligen, die aktiven und die passiven. Der passive Freiwillige sagt: „Herr, hier bin ich." Der aktive Freiwillige sagt: „Sende mich". Zu welchen gehöre ich? Tue ich etwas für den Herrn Jesus Christus?

Das sind also die Fragen, denen wir uns stellen müssen, wenn wir seine Zustimmung erhalten wollen. „Befleißige dich, vor Gott dich zu erzeigen als ein rechtschaffener und unsträflicher Arbeiter, der da recht austeilt das Wort der Wahrheit", steht in der Schrift. Denn wenn wir belohnt werden wollen, wenn wir Ihn sagen hören wollen: „Ei, du frommer und getreuer Knecht", müssen wir uns prüfen und uns bemühen, seinen Forderungen gerechtzuwerden.

Kapitel XIII

VIER DINGE, DIE DAS NEUE LEBEN BRAUCHT

Ein kleines Baby ist geboren worden. Ein neues Leben ist angekommen. Du sorgst dafür. Du wäscht es und kleidest es. Du fütterst es und wärmst es. Tag um Tag achtest du auf seine Bedürfnisse. Du weißt, daß es nicht selbst für sich sorgen kann.

Du bist in das Reich Gottes hineingeboren worden. Du hast Jesus Christus dein Herz geöffnet und ihn hereingebeten. Du hast ihn als deinen Heiland angenommen, und jetzt gehörst du ihm. Und als er kam, gab er dir das Ewige Leben. Du hast jetzt ein Leben, das du noch nie vorher hattest, Gottes-Leben, göttliches Leben. „Ich gebe ihnen das Ewige Leben."

Wie wirst du nun für dieses neue Leben sorgen? Du bist erst ein Baby in Christus? Was also braucht das neue Leben? Dasselbe, was ein Baby braucht.

1. Nahrung

Ein Baby muß gefüttert werden, und zwar täglich. Und du auch. Jenes neue Leben, das Gott dir geschenkt hat, verlangt Nahrung. Die Nahrung für ein Baby ist Milch. Die Nahrung eines geistlichen Babys ist die Milch des Wortes.

„Und seid begierig nach der vernünftigen, lauteren Milch wie die neugeborenen Kindlein, auf daß ihr durch dieselbe zunehmet zu eurem Heil" (1. Petr. 2, 2).

Ich wurde 1906 bekehrt. Von jenem Tage an bis heute habe ich Gottes Wort jeden Tag gelesen, dreihundertfünfundsechzig Tage im Jahr. Ich kann mich an keinen einzigen Tag erinnern, an dem ich das Buch der Bücher vernachlässigt hätte. Die Bibel war durch all die Jahre meine Speise und mein Getränk, und je mehr ich darin lese, desto kostbarer wird sie. Es gibt kein Buch, das ihr gleicht. Wenn die Angriffe Satans ungewöhnlich stark waren, dann war es mein Trost und meine Stütze. Immer wieder war es tatsächlich Sein Wort an mich. Prüfungen, die meinem geistlichen Dienst hätten ein Ende setzen können, wurden durch die Verheißungen des Wortes Gottes vereitelt.

Wenn Kummer meine Seele überwältigte und ich in Traurigkeit hinabsank, sprach Gott zu mir aus der Schrift. Mitten in meiner bittersten Enttäuschung hörte ich seine Stimme: „Den Abend lang währet das Weinen, aber des Morgens ist Freude" (Psalm 30, 6). Und wenn mein Herz angsterfüllt war, hörte ich Ihn sagen: „Was betrübst du dich, meine Seele, und bist so unruhig in mir? Harre auf Gott! denn ich werde ihm noch danken" (Ps. 42, 6). Und es erwies sich als wahr.

Du bist in die Kirche hineingeboren worden. Welches Buch der Bibel erzählt nun die Geschichte dieser Kirche? Welches Buch berichtet über ihre Anfänge? Nun, natürlich die Apostelgeschichte. Deshalb solltest du als eben Bekehrter mit der Apostelgeschichte anfangen. Du wirst die Apostelgeschichte ungeheuer interessant finden. In der Apostelgeschichte werden Seelen gerettet und der Kirche hinzugefügt. In der Apostelgeschichte bricht die Verfolgung aus; du wirst lesen, in welcher Weise die ersten Christen für Christus litten. Die Apostelgeschichte erzählt die Geschichte des größten Missionars der Welt, Paulus, und sie berichtet, wie er die Frohe Botschaft überallhin trug. Du wirst erfahren, wie sich die ersten Bekehrten verhielten, was sie taten, und etwas von der Herrlichkeit und der Freude ihrer Erfahrungen wird auf dich übergehen. Ich würde an deiner Stelle also mit der Apostelgeschichte anfangen.

Dann solltest du das Johannesevangelium lesen. Ohne Zweifel kennst du das Leben Christi schon, aber Johannes behandelt in seinem Evangelium das Heil und zeigt, wie Christus rettet. Du solltest also Johannes lesen.

Dann solltest du dich dem Römerbrief zuwenden. Nachdem du die Apostelgeschichte und Johannes gelesen hast, wirst du für das kräftige Fleisch des Wortes bereit sein. Der Römerbrief führt dich aus der Erfahrung des Verlorenseins über die der Rettung, der Heilung und des Dienstes bis zur Verklärung. Deshalb: lies den Römerbrief!

2. Gemeinschaft

Das Baby braucht Gemeinschaft. Es muß sich verständlich machen und seine Bedürfnisse bekanntgeben können. Wenn es Hunger oder Schmerzen hat, schreit es. Und die Mutter reagiert sofort.

Du brauchst ebenfalls Gemeinschaft. Und wenn du wirklich wiedergeboren bist, wird dein Herz danach schreien. Wir nennen jenen Schrei Gebet. Und ich möchte dir dringend raten, jeden Tag einmal mit Gott allein zu sein und zu beten. Sag ihm alles. Verbirg nichts. Rede mit ihm, wie du mit einem Freund reden würdest.

Wenn du die Bibel liest, dann redet Gott mit dir. Wenn du betest, dann redest du mit ihm, und so habt ihr Gemeinschaft miteinander. Du wirst mit Gott bekannt, wie du mit einem Freund bekannt wirst. Du sprichst und er spricht. Und wenn ihr miteinander redet, lernt ihr euch kennen. Ach, rede doch viel mit Gott! Bete!

3. Übung

Ein Baby braucht Bewegung. Es stößt seine Beinchen und Ärmchen in die Luft, um sie zu üben.

Auch du brauchst Training, wenn du kräftig werden willst. Daher mußt du für Christus zeugen, denn auf diese Weise übst du dich. Sag es andern. Tu eine persönliche Arbeit. Bekenne Christus öffentlich. Leg Zeugnis ab. Tust du das nicht, wirst du rückfällig. Tust du es, so wirst du stark. Beschäftige dich und tue etwas für Christus. Du wirst es tun, wenn du ihn wirklich liebst.

„So sollen sagen, die erlöst sind durch den Herrn." Lehne es ab, zu schweigen. Wenn du dankbar bist für das, was Er dir getan hat, dann wirst du nicht zögern, es auch zu sagen. Du solltest auf deinen Herrn und Heiland stolz sein. Du solltest darauf brennen, dich zu ihm zu bekennen. So kannst du die Welt wissen lassen, auf welcher Seite du stehst. Willst du nicht, daß Er sich deiner am Jüngsten Tag schämen muß, schämen vor seinem Vater und den Engeln? Dann darfst du dich jetzt seiner auch nicht schämen. Gott sagt: „Denn wenn man von Herzen glaubt, so wird man gerecht; und wenn man mit dem Munde bekennt, so wird man gerettet" (Röm. 10, 10).

Nichts kann den Glauben eines Menschen so stärken wie ein offenes Bekenntnis. Wenn du geistlich wachsen willst, dann bekenne Christus öffentlich. Die schweigenden Christen stören den Satan wenig; aber denen, die ihre Zugehörigkeit zu Christus offen erklären, widersetzt er sich nach Kräften. Aber schon das Bekenntnis an sich macht seine Angriffe machtlos.

Über einen, den du liebst, kannst du reden. Wenigstens können es die meisten Leute. Und wenn du den Herrn Jesus Christus wirklich und wahrhaftig lieb hast, dann wirst du den Wunsch haben, über ihn zu reden.

Und das Zeugnis, mein Freund, ist das beste Mittel gegen weltliche Gesellschaft. Du wirst deine weltlichen Freunde nie aufgeben müssen, nie. Erzähle ihnen nur von Jesus Christus. Bitte sie, mit dir niederzuknien und zu beten. Gib ihnen eine Schrift in die Hand und lade sie zu einem evangelischen Gottesdienst ein. Versuch es. Weißt du, was geschehen wird? Sie werden dich fallenlassen wie eine glühende Kohle, du wirst nicht mehr gewünscht sein. Und dann wirst du neue Freunde und Gleichgesinnte finden, Christen, die lieben, was du auch liebst, und wünschen, was du auch wünschst. Und ihre Freundschaft wird dir in alle Ewigkeit erhalten bleiben. Nicht einmal der Tod kann eine solche Beziehung auflösen.

Ach, laßt uns doch Gott gegenüber wahrhaftig sein! Laßt uns Christus bezeugen! Laßt uns ihn öffentlich vor den Menschen bekennen, und die Freude und das Jawort des Herrn wird unsere Belohnung sein.

4. Atmosphäre

Keine Mutter würde ihr neugeborenes Baby in einen Kühlschrank legen. Sie sorgt dafür, daß das Zimmer weder zu kalt noch zu heiß ist. Die Temperatur muß genau seinen Bedürfnissen entsprechen.

Wenn du dich einer kalten, rein formalen Kirche anschließt, wirst du erfrieren. Wenn du dich einer modernistischen Kirche anschließt, wirst du verhungern. Aber wenn du dich einer Kirche anschließt, in der die Einladung des Herrn weitergesagt wird und Seelen gerettet werden, wenn du zu evangelistischen Versammlungen gehst, wo geistliche Lieder gesungen werden, wenn du dahingehst, wo gebetet und bezeugt wird, dann wirst du dich in einer Atmosphäre befinden, die deinen

Bedürfnissen genau entspricht. Es liegt an dir, eine Gruppe von Gotteskindern zu finden, die danach brennt, Seelen zu retten.

Ich ermahne dich daher nicht, in die Kirche einzutreten, sondern mit einem bestimmten missionarischen Kreis Verbindung aufzunehmen. Arbeite nur mit einer Gruppe von Leuten zusammen, die den Herrn lieben, mit Leuten, die dein Zeugnis für Christus willkommen heißen, und mit denen du beten kannst. Gehe keinen Kompromiß ein; dein geistliches Leben würde daran zugrunde gehen.

Und überzeuge dich, daß der Mann, der auf der Kanzel steht, an den fundamentalen Glaubenswahrheiten festhält. Vergewissere dich, daß er vom Blut Christi predigt, daß er weiß, wie verloren und rettungsbedürftig die Menschen sind, und daß er auf der Wiedergeburt besteht.

Meide weltliche Kirchen. Gott will ein abgesondertes Volk. „Ziehet nicht am fremden Joch mit den Ungläubigen", sagt er.

Dies also sind die Bedürfnisse des neuen Lebens, und die Verantwortung ruht auf dir. Deshalb pflege dein neues Leben. Nähre es. Gib ihm Gemeinschaft. Und verschaffe ihm die Atmosphäre, die es braucht. Dann wirst du weiterhin mit Gott leben, und dein christliches Leben wird sein, wie es verheißen ist.

Kapitel XIV

EINEM ANDEREN ANGEHÖREN

Paulus gibt uns zwei anschauliche Bilder, das erste in Römer 7, das zweite in Römer 8. Das erste Bild ist das eines geschlagenen Menschen, das zweite zeigt uns eine Erfahrung von Sieg und Befreiung. Das erste soll nicht etwa deutlich machen, was Gott sich unter einem idealen Christen vorstellt. Ganz und gar nicht! Es zeigt uns irgendeinen Menschen — erlöst oder unerlöst —, der versucht, durch eigene Anstrengung gut zu sein, und dabei gänzlich scheitert. Hier ist Kampf, Streben, Anstrengung anstatt Freiheit und Ruhe.

Man stelle sich vor, ein Christ sagte: „Das Böse, das ich nicht will, das tue ich", und schließlich: „Ich elender Mensch!" Klingen diese Worte wie die Erfahrungen siegreicher Christen? Gibt es nichts Besseres? Muß der Christ weiterkämpfen, ohne zu siegen, und die Dinge tun, die er verabscheut? Das verhüte Gott!

Jetzt beachte, was er im 8. Kapitel sagt. Wie ganz anders! Jetzt kann er sagen: „Denn das Gesetz des Geistes, der da lebendig macht in Christus Jesus, hat mich frei gemacht von dem Gesetz der Sünde und des Todes" (Röm. 8, 2). Und so geht es weiter durch das ganze Kapitel hindurch. Vorherrschend ist der Ton des Sieges, der Freiheit, der Erlösung durch die Macht des Heiligen Geistes.

Den unerlösten Christen vergleicht Paulus mit einem Mörder, der sich die Leiche seines Opfers auf den Rücken geschnallt hat. Weil er stark ist, mag er sich vielleicht über die Last hinwegsetzen, seine Arbeit tun, umhergehen und handeln, als ob sie nicht da wäre. Er mag sie in hohem Maße besiegen. Aber hin und wieder wird er an sie erinnert, denn er ist nicht frei. Er ist wie ein Mann an einer Kette. Durch reine Entschlußkraft und Willensstärke macht er vielleicht weiter, als ob er keine Kette trüge, aber hin und wieder wird er sich ihrer bewußt werden, denn sie wird ihn sicher nach unten ziehen. Er ist wie ein krebskranker Mann. Eine Zeitlang überwindet er die Krankheit; er ist siegreich; er setzt sich über das Kranksein hinweg. Aber früher oder später packt es ihn doch.

So ist es auch mit der Sünde. Eine Zeitlang besiegen wir sie vielleicht. Aber früher oder später wird der Satan wieder angreifen, denn er kennt unsere schwachen Stellen, und wir werden absinken. Mit zerknirschtem, gebrochenem Herzen werden wir Gott unsere Sünde bekennen und wieder anfangen, und eine Zeitlang wird alles gut sein. Dann plötzlich, wenn wir am wenigsten darauf gefaßt sind, kommt unsere Lieblingssünde wieder, und wieder werden wir versagen.

Du siehst, der Leib der Sünde ist immer noch auf uns. Ist es nicht viel besser, jemanden zu haben, der die Stricke zerreißt und ihn abfallen läßt? Welche Befreiung! Wir sind immer noch in Ketten. Aber wie herrlich, sich die Fesseln lösen und die Ketten sprengen zu lassen! Welche Freiheit! Der Krebs der Sünde plagt uns noch. Aber, Gott sei Dank, wir können erlöst werden. Jesus kann uns freimachen. Keine toten Lasten mehr, keine Ketten mehr, keinen Krebs der Sünde mehr.

Ist es verwunderlich, daß Charles Wesley sang:

„Hätt doch ein Herz ich, Gott zu loben. Ein Herz, von aller Sünde frei!"

„Wisset ihr nicht, liebe Brüder, daß das Gesetz nur herrscht über den Menschen, solange er lebt? Denn eine Frau ist an ihren Mann gebunden durch das Gesetz, solange der Mann lebt; wenn aber der Mann stirbt, ist sie los vom Gesetz, das sie an den Mann bindet. Wenn sie nun eines andern Mannes wird, solange ihr Mann lebt, wird sie eine Ehebrecherin geheißen; wenn aber ihr Mann stirbt, ist sie frei vom Gesetz, so daß sie nicht eine Ehebrecherin ist, wenn sie eines anderen Mannes wird" (Röm. 7, 1–3).

Sünde und Gesetz

„Einem andern angehören!" Welch ein Privileg! Ja, aber wie? Erstens, indem man der Sünde stirbt. „Also auch ihr, haltet euch dafür, daß ihr der Sünde gestorben seid und lebet Gott in Christus Jesus" (Röm. 6, 11).

Zweitens, indem man dem Gesetz stirbt. „Also seid auch ihr, meine Brüder, getötet dem Gesetz durch den Leib Christi, damit ihr einem andern angehört, nämlich dem, der von den Toten auferweckt ist, auf daß wir Gott Frucht bringen" (Röm. 7, 4).

Beachte, daß uns nicht gesagt wird, die Sünde sei tot. Es wird uns auch nicht gesagt, das Gesetz sei tot. Aber es wird uns gesagt, wir seien tot. Wir „der Sünde gestorben" und „dem Gesetz gestorben".

Da ist zum Beispiel ein Licht. Und da ist ein Blinder. Dieser Mann ist nun dem Licht gestorben. Wenn es nach ihm ginge, brauchte das Licht gar nicht zu existieren. Er bemerkt es gar nicht. Es hat auf ihn nicht die geringste Wirkung. Aber ist das Licht tot? Keineswegs. Es ist sogar deutlich sichtbar. Und seine Existenz zu leugnen, wäre Torheit.

Da ist ein Wecker. Und da ist einer, der taub ist. Der Wekker klingelt, laut und lang. Aber der Mann hört ihn nicht. Er ist dem Klang gestorben. Wenn es nach ihm ginge, so könnte der Wecker ebensogut abgestellt sein. Aber ist der Wecker tot? Bestimmt nicht! Er ist sogar sehr lebendig. Und die Existenz des Tones zu leugnen, wäre Torheit.

Da ist die Sünde. Und da ist ein Toter. Wenn es nach ihm ginge, brauchte die Sünde gar nicht zu bestehen, da er ja tot ist. Aber ist die Sünde tot? O nein! Sie ist äußerst lebendig. Sie ist überall sichtbar. Und ihre Existenz zu leugnen, wäre Torheit.

Wie kannst du nun der Sünde sterben? Nur in Ihm! Du bist „durch den Leib Christi" (Röm. 7, 4) gestorben und nun frei zu einer neuen Heirat. Jetzt „gehörst du einem andern an". Solange du unter dem Gesetz stehst, bist du in der Knechtschaft. Das Gesetz kennt kein Erbarmen. Mose steht mit einem Knüppel über dir, und für jeden Fehlschlag bekommst du einen Hieb. Das Gesetz ermahnt dich, dies und das zu tun. Du versuchst es, du ringst, du spannst deine Willenskraft ein, du strengst dich an, so sehr du nur kannst, und du tust dein Bestes, aber es mißlingt dir. Dann droht Mose dir mit dem Gericht, und peitscht dich unbarmherzig. Das Gesetz kennt kein Erbarmen.

Zuletzt wirst du so müde, so verzagt, so entmutigt, daß du dich verzweifelt nach Hilfe von außen umsiehst. Du bist gescheitert und wieder gescheitert. Die Sünde war ungezählte Male Herr über dich, ungeachtet aller deiner Anstrengungen. Da hörst du jene Worte, die von der Sünde freimachen: „Einem andern angehören". Und augenblicklich bricht das Licht durch. Du kehrst dem Gesetz den Rücken. Du stirbst Mose. Du rechnest dich selbst als „in der Tat der Sünde gestorben", und du siehst einen anderen als deinen Gatten an – den auferstandenen Christus.

Er gibt dir keine Norm, die du erreichen sollst. Er stellt keine Forderungen. Denn er weiß, wie schwach du bist. Aber er beugt sich zu dir hinunter, umfaßt dich mit seinen liebenden Armen und flüstert leise: „Komm, du bist schwach, aber ich bin stark. Übergib dich nur mir. Ich will dich stützen. Ich will dein Halt sein. Komm, fürchte dich nicht, ich habe dich erlöst. Siehe, du bist mein."

Und dann hebt er dich hoch, und immer höher. Und bald bist du jenseits des Gesetzes, jenseits der Sünde; du schwebst mit deinem Geliebten in himmlischen Höhen und lebst in einem neuen Leben. Hallelujah!

Das Motiv ist Liebe

Nachdem du jetzt „einem andern angehörst", ist es dein einer und einziger Wunsch, diesem andern zu gefallen. Und zwar nicht wegen des Gesetzes oder der Gebote, nicht wegen Moses Befehlen, nicht wegen eines angedrohten Gerichts, nicht wegen einer Pflicht, sondern weil du ihn liebst, suchst du ihm in allen Dingen zu gefallen, und zu leben, wie Er es wünscht.

Es besteht ein Unterschied zwischen dem Dienst einer Ehefrau, die ihren Mann nicht liebt, und dem Dienst einer liebenden Frau. Bei der ersten ist es Pflichtgefühl. Sie gehorcht, weil sie muß, nicht weil sie will. Sie hat Angst vor möglichen Folgen des Ungehorsams. Und oft ist ihr Dienst unbefriedigend. In ihrem Herzen ist außerdem keine Freude.

Die zweite dient, weil es ihr Vergnügen macht, ihrem geliebten Gatten zu gefallen. Es ist ihre größte Freude. Sie würde auch nicht im Traum daran denken, ihn zu kränken. Sie will ihn glücklich machen. Du siehst, das Motiv ist Liebe. Und welch ein Unterschied ist das! Das alte Leben gehört der Vergangenheit an. Sie dient mit einem erneuerten Geist, und nicht in alter Buchstabentreue. Nicht weil sie muß, sondern weil sie will. Und daher kommt es, daß die „Liebe Christi uns zwingt". Denn „wir gehören einem andern an", und das ganze Leben hat sich von Grund auf geändert.

Er plant jetzt für uns und macht uns fähig. Er schenkt die Kraft, die Gnade. Wir werden zu Arbeitern an seiner Seite, und seine Kraft wird in unserer Schwachheit mächtig. Wir leben ein neues Leben auf einer neuen Ebene, und ein neues Motiv treibt uns: die Liebe. Und wir haben einen neuen Anreiz – seine Freude. Keine echte Mutter braucht ein Gesetz, das von ihr verlangt, für ihr Kind zu sorgen. Ihre eigene mütterliche Liebe wird genügen.

Kein Christ, der den Herrn wirklich liebt, braucht Gesetze, die seine Verbundenheit und Hingabe sichern. Liebe, und Liebe allein wird der Anreiz sein. Er sagte zu Petrus nichts von Dienst, noch von Treue, noch von Gehorsam, noch von Gesetz, sondern von Liebe. Nur eine Frage stellte er ihm: „Hast du mich lieb?" Denn Liebe allein, das wußte er, würde jedes Problem lösen.

Mein Freund, gehörst du „einem andern an"? An sich schon. Aber bist du dir in einem Glaubensakt deiner wahren Verwandtschaft bewußt geworden, und bist du der Sünde, dem

Gesetz gestorben und hast deinen Platz an der Seite Christi eingenommen? Hältst du dich der Sünde gegenüber für tot, und hast du danach gehandelt?

Laß also das alte Leben hinter dir und beginne das neue. Lebe mit und für deinen Geliebten, dem, mit dem du nun verbunden bist. Lebe für Ihn und für Ihn allein. Beweise deine Liebe durch unbedingten Gehorsam und ergebene Treue. Und denke daran, denke immer daran, daß du, nachdem du dem einen, der Sünde, gestorben bist, „einem andern angehörst".

Kapitel XV

DIE MORGENWACHE

Schon in den frühen Jahren meines Christenlebens begann ich, die „Morgenwache", wie ich es nannte, einzuhalten. Tagein, tagaus treffe ich jeden Morgen mit Gott allein zusammen. Ich würde nie auf den Gedanken kommen, in mein Büro zu gehen, bevor ich nicht eine Zeitlang mit Ihm allein verbracht hätte. Ich würde auch nicht versuchen, meine kirchliche Arbeit auszuführen, ohne zuerst Morgen für Morgen mit Gott zusammenzukommen. Gleich nach dem Frühstück ziehe ich mich in mein Studierzimmer zurück, schließe die Tür und verbringe dort die erste Stunde allein mit Gott. Seit über vierzig Jahren halte ich nun die Morgenwache ein. Wenn Gott mich in den vielen Jahren in irgendeiner Weise gebraucht hat, dann ist es deshalb, weil ich Morgen für Morgen mit Ihm zusammengekommen bin. Ich löse meine Probleme, noch bevor sie auf mich zukommen. Ohne die Morgenwache wäre meine Arbeit wirkungslos. Ich wäre schwach und hilflos. Nur wenn ich Seiner harre, werde ich geistlich stark.

Vor Jahren dachte ich, daß ich — wenn ich jemals vor einer großen Gemeinde stehen und das Evangelium predigen könnte — die größte Erregung erleben würde, die je ein menschliches Herz ergriffen hat. Seit über zwanzig Jahren predige ich nun. Ich muß meine eigene Kirche gar nicht verlassen, um vor großen Gemeinden zu predigen. In den letzten dreißig Jahren stehe ich — abgesehen von den heißen Sommermonaten — am Sonntagabend vor mehr als 2 000köpfigen Versammlungen. Überall in der Welt habe ich zu Versammlungen bis zu 25 000 Menschen gesprochen, als ich Evangelisationen abhielt. Ich sage, ich habe diese Erfahrung gemacht, und ich mache sie seit vielen Jahren.

Jene Erregung hat sich jedoch gelegt. Sie legte sich schon vor langer Zeit. Heute macht es mir gar nichts mehr aus, zu großen Versammlungen zu sprechen. Es ist mehr oder weniger alltäglich. Ich will dir jedoch von einer Erregung erzählen, die sich nie gelegt hat. Es ist die Erregung, Gott Morgen für Morgen zu begegnen. Jeden Tag freue ich mich darauf. Gespannt betrete ich Morgen für Morgen mein Studierzimmer, um auf Gott zu harren. Die Erregung der Morgenwache ist immer noch gleich groß. Sie bedeutet mir mehr als irgend etwas sonst in meinem geistlichen Amt.

Du mußt dir Zeit nehmen

Du sagst mir, du hast keine Zeit; du bist in der Arbeit des Herrn so sehr beschäftigt, daß du keine Stunde entbehren kannst, um Seiner zu harren. Nun, Susanna Wesley war beschäftigt. Sie hatte neunzehn Kinder, wie du vielleicht weißt. Und damals gab es noch keine Schulen. Sie mußte sie selbst unterrichten. Sie konnte nicht in den Laden gehen und Kleider für sie kaufen. Sie mußte sie selbst nähen. Außerdem mußte sie die tägliche Nahrung beschaffen. Ich sage nicht, sie hatte sehr viel zu tun, aber bestimmt hatte sie viel zu tun.

Alle Hände voll. Und doch ging Susanna Wesley jeden Tag von 12 bis 13 Uhr in ihr Schlafzimmer, schloß die Tür und verbrachte die Zeit auf den Knien allein mit Gott. Kein Kind wagte, sie während jener Stunde zu unterbrechen. Sie alle wußten, was sie tat. Es ist nicht verwunderlich, daß Susanna Wesley John Wesley und Charles Wesley zur Welt brachte. Sie wußte, was es bedeutete, mit Gott allein zu sein.

Wenn Susanna Wesley, die als Mutter von neunzehn Kindern so viel zu tun hatte, sich die Zeit nehmen konnte, auf Gott zu harren, dann können wir, du und ich, es in diesem mechanisierten Zeitalter gewiß auch. Wir werden nie Zeit bekommen; wir müssen sie uns eben nehmen. Und wenn wir uns keine Zeit nehmen, dann werden wir nicht viel für Gott leisten können.

Auf diese Weise werden wir mit unseren Freunden bekannt; wir nehmen uns Zeit, mit ihnen zusammenzukommen, und so lernen wir sie kennen. Wenn ein junger Mann heiraten will, dann verabredet er sich, wie ich annehme, mit der jungen Frau seiner Wahl. Es fällt ihm natürlich schwer, diese Zeit zu erübrigen. Es ist ihm klar, daß es für ihn ein Opfer bedeuten wird. Aber trotzdem entschließt er sich, daß es geschehen muß. Irgendwie muß er ein oder zwei Stunden mit ihr zusammen verbringen, wenn er sie kennenlernen will. Er macht sich an einem bestimmten Abend frei und richtet einen Besuch bei ihr ein. Alles andere muß beiseite gelegt werden, und trotz des ungeheuren Opfers, das er auf sich nimmt, bereitet er sich tapfer auf das Zusammensein vor. Sie bittet ihn in ihr Wohnzimmer, und er sitzt auf der einen Seite, und sie sitzt auf der anderen Seite. Sie sagen kein Wort. Sie sitzen nur da und sehen sich an. Nachdem eineinhalb Stunden verstrichen sind, sagt er zu ihr:

„Nun, ich glaube, es wird Zeit, daß ich gehe. Es ist schon spät – es ist fast zehn Uhr.“ Sie gibt ihm Hut und Mantel, und er verabschiedet sich.

Ist das so? Als ich jung war, jedenfalls nicht. Sie sagt etwas zu ihm. Er sagt etwas zu ihr. Sie reden miteinander. Sie freuen sich aneinander. Sie können das nächste Rendez-vous kaum erwarten, und so lernen sie sich kennen.

So ist es auch mit dem Herrn Jesus Christus. Es ist so wichtig, daß du dir die Zeit nimmst, wenn du mit Ihm bekannt werden willst. Es gibt Tausende, die dem Herrn Jesus Christus schon begegnet sind, die ihn aber nicht kennen. Du mußt mit den Menschen zusammenleben, wenn du sie kennenlernen willst. Ich bin Haile Selassie begegnet, dem Kaiser von Äthiopien. Ich gab ihm die Hand und photographierte ihn, als ich in Afrika war. Ich traf den Kronprinzen und auch den kleinen Prinzen. Er kam auf mich zugerannt und bat mich, ihn auch zu photographieren, wie seinen königlichen Vater. Aber ich kenne Haile Selassie nicht. Ich habe nie mit ihm zusammengelebt. Ich bin ihm nur begegnet. Du bist dem Herrn Jesus begegnet, als du bekehrt wurdest, aber wenn du dir nicht die Zeit genommen hast, mit ihm bekannt zu werden, dann kennst du ihn nicht.

Manchmal wunderst du dich, warum du in der Stunde der Not nicht zu Gott eilen und dich seinem Ohr nähern kannst. Du würdest nie daran denken, dich mit irgendwelchen Sorgen an einen Fremden zu wenden. Wenn du Gott nicht kennst und er weit weg scheint, wie kannst du dich dann an Ihn wenden? Du bist nie mit ihm bekannt geworden. Wenn du ihn jedoch kennengelernt hast, wenn du ein enges Verhältnis mit ihm hast, dann kannst du dich in einer schweren Stunde jederzeit an ihn wenden, und er wird antworten. Es wird die natürlichste Sache in der Welt für dich sein, dich ihm anzuvertrauen. Aber du mußt ihn zuerst kennen. Und ihn kennenzulernen, erfordert Zeit. Du wirst dir Zeit nehmen müssen, wenn du mit ihm bekannt werden willst.

Wie halte ich nun meine Morgenwache? Nun, zuerst lese ich das Wort, dann bete ich.

Das Wort Gottes

Hat es schon einmal einen Tag in deinem Leben seit deiner Bekehrung gegeben, an dem du das Buch der Bücher vernachlässigst hast? Hast du es an jedem Tag deines Lebens aufgeschlagen und seine heiligen Seiten studiert? Oder hat es Tage gegeben, an denen du es versäumt hast, darin zu lesen? Ich kann mich nur an einen einzigen Tag in den letzten vierzig Jahren erinnern, wo ich die Bibel nicht gelesen habe; an jenem Tage flog ich über den Ozean und war schwerkrank. Ich würde nie daran denken, durch einen Tag zu wandern, ohne in Gottes Wort Führung zu suchen. Es ist meine Speise und mein Trank „Seid begierig nach der vernünftigen lauteren Milch wie die neugeborenen Kindlein, auf daß ihr durch dieselbe zunehmet zu eurem Heil" (1. Petr. 2, 2).

Kurz nachdem ich Christus als meinen Heiland angenommen hatte, stand ich eines Tages an der Rückseite von Cookes Presbyterianischer Kirche in Toronto. Ein kirchlicher Helfer trat auf mich zu und bat mich, ihm meine Bibel zu leihen. Ich tat es. Er schlug die erste freie Seite auf und schrieb diese Worte: „Dieses Buch wird dich von der Sünde abhalten, oder die Sünde wird dich von diesem Buch abhalten." Dann gab er es mir zurück. Ich glaube, ich habe diese Worte in jede Bibel geschrieben, die mir seitdem gehörte, denn ich wußte, daß sie wahr waren. Später, entdeckte ich, daß sie ursprünglich aus der Feder des unsterblichen Bunyan stammten, und von da an schrieb ich seinen Namen darunter. Tatsache ist, daß die Sünde und dieses Buch nicht nebeneinander bestehen können. Du wirst eines von beiden aufgeben müssen. Wenn du das Wort Gottes liest, wirst du dich von der Sünde abwenden. Wenn du der Sünde nachgibst, wirst du keinen Geschmack an dem Buch finden. „Dieses Buch wird dich von der Sünde abhalten, oder die Sünde wird dich von diesem Buch abhalten."

Meine Bibel

Darf ich vorschlagen, daß du dir eine Bibel mit großem Druck kaufst? Denn der Tag wird kommen, an dem deine Augen trübe werden, und wenn du die wichtigen Stellen in deiner Bibel bis dahin sorgfältig markiert hast, wirst du froh sein, daß sie groß genug gedruckt ist und du sie noch immer lesen kannst. Du wirst sie nicht wegwerfen wollen. Du solltest natürlich immer mit dem Bleistift in der Hand lesen. Ich habe meine Bibeln von der Genesis bis zur Offenbarung markiert. Ich streiche jeden Vers an, der zu meinem Herzen spricht. Auch du solltest deine Bibel markieren.

Durch all die Jahre meines geistlichen Amtes habe ich eine Bibel mit Anmerkungen (Scofield Reference Bible) benützt. Ich fand sie weit wertvoller als alle anderen. Ich bin nicht mit allen Erläuterungen einverstanden, aber ich bin mit den meisten einverstanden, und sie waren mir immer eine wundervolle Hilfe beim Bibelstudium. Wenn ich keine anderen Bücher hatte, konnte ich eine Scofield Reference Bible nehmen und damit durch die ganze Welt reisen, und ich hatte alle Predigten, die ich möglicherweise halten konnte, bei mir.

Du findest sie trocken

Du sagst mir, die Bibel sei trocken und langweilig, und deshalb würdest du sie nicht lesen. Ich will dir sagen, warum du sie trocken und langweilig findest: Du kennst den Autor nicht. Wie ich schon gesagt habe, bist du dem Autor zwar schon begegnet, aber du bist nicht mit ihm bekannt geworddenn. Wenn du ihn erst einmal richtig kennst, dann wirst du an allem Freude finden, was von Ihm kommt.

Da war einmal eine junge Frau, die versuchte, einen Gedichtband zu lesen. Sie fand die Gedichte jedoch so trocken und langweilig, daß sie das Buch weglegte. Später lernte sie den jungen Mann kennen, der sie geschrieben hatte, und verliebte sich in ihn. Da griff sie wieder nach dem Gedichtband, und zu ihrer äußersten Verwunderung schienen sie ihr diesmal die interessantesten Gedichte, die sie je in ihrem Leben gelesen hatte. Woher kam das? Sie waren immer noch die gleichen trockenen Gedichte, die sie vorher gewesen waren. Der Unterschied lag in ihr, nicht in den Gedichten. Sie hatte den Autor jetzt kennengelernt, und als sie die Gedichte las, dachte sie an ihn.

So wird es auch mit dir sein. Wenn du den Autor, den Herrn Jesus Christus kennst, dann wirst du an seinem Wort Freude finden. Es wird dir mehr bedeuten als jedes andere Buch. Je mehr du es liest, desto mehr wirst du es lesen wollen. Es gibt sehr wenige Bücher, die ich mehr als einmal lesen kann. Es gibt einige wenige, die ich zweimal gelesen habe. Es gibt eines oder zwei, die ich dreimal gelesen habe.

Das Wort Gottes ist ganz anders. Es ist übernatürlich. Es kommt von Gott. Ich kann seine Tiefen nie ermessen. Ich finde immer wieder etwas Neues darin, das ich vorher noch nie bemerkt habe. Je mehr ich es lese, desto mehr Freude macht es mir. Wenn ich das Alte Testament lese, dann lese ich von Menschen, die ich eines Tages sehen werde, und deshalb will ich soviel wie möglich über sie erfahren. Aus diesem Grunde finde ich das Alte Testament faszinierend wie das Neue.

Wie sollst du es lesen?

Ich wiederhole noch einmal, daß ich es täglich lese, genau wie die Kinder Israels täglich ihr Manna erhielten. Du wirst dich erinnern, daß sie an einem Tag nicht einmal soviel sammeln konnten, daß es für zwei Tage reichte. Sie mußten Morgen für Morgen hinausgehen und es sammeln. Nur so kannst du auch dein geistliches Leben nähren. Du mußt das Wort täglich lesen. Gott sagt „Tag und Nacht" (Josua 1, 8).

Vielleicht liest du das Wort Gottes deshalb nicht, weil du es nicht verstehen kannst. Du stößt auf Stellen, die jenseits deines Erfassungsvermögens liegen. Mein Freund, du solltest die Bibel so lesen, wie du Fisch ißt. Wie esse ich denn Fisch? Wenn ich eine Gräte finde, nehme ich dann meinen Teller mit dem Fisch und werfe ihn weg, nur weil ich eine Gräte gefunden habe? Natürlich nicht. Ich lese die Gräte heraus, lege sie auf meinen Tellerrand und esse meinen Fisch weiter. Wenn ich dann auf eine neue Gräte stoße, lege ich sie ebenfalls auf die Seite und esse weiter. Ich werde meinen Fisch nicht wegwerfen, nur weil ich eine Gräte finde. Wirst du Gottes Wort wegwerfen, weil du auf eine Stelle stößt, die du nicht verstehen kannst? Natürlich nicht. Laß sie doch liegen und lies weiter. Leg sie erst einmal zur Seite und studiere weiter.

Hör nicht auf, Fisch zu essen. Hör nicht auf, das Wort zu lesen.

Ich lese das Wort Gottes, wie ich einen Brief lese. Wenn ich einen Brief bekomme, dann nehme ich nicht zuerst die erste Seite und lese dort einen Abschnitt, lege ihn dann in mein Brieffach, nehme ihn eine Woche später wieder heraus und lese ein paar Worte auf der dritten Seite und lege ihn in das Brieffach zurück, nur um ihn in ein paar Tagen wieder hervorzuholen und einen Blick auf die Unterschrift zu werfen. Bestimmt nicht. Wenn ich einen Brief lese, dann beginne ich am Anfang und lese ihn bis zum Ende durch. So erfahre ich den Inhalt des Briefes. Es gibt keine andere Art, das Wort Gottes zu lesen. Ich schätze die verschiedenen Büchlein, die Menschen zusammengestellt haben, wie das „Tägliche Licht“ und andere, und ich benutze sie. Aber ich würde nie daran denken, das „Tägliche Licht“ oder ein anderes von Menschen zusammengestelltes Büchlein an die Stelle der Bibel zu setzen. Wenn du das tust, dann wirst du den Inhalt des Buches nie erfahren. Du mußt das Buch selbst lesen.

Ich fange mit dem ersten Wort der Genesis an und lese täglich zwei oder drei Kapitel, bis ich bis zum letzten Wort der Offenbarung gekommen bin. Am nächsten Tag fange ich wieder beim ersten Wort der Genesis an und lese wieder bis zum letzten Wort der Offenbarung. Ich weiß nicht, wie oft ich das Buch schon durchgelesen habe. Ich habe es nie nachgerechnet. Aber ich weiß, daß ich das ganze Buch von Anfang bis Ende immer wieder durchgelesen habe. Daher weiß ich etwas vom Inhalt dieses Buches. Wenn du es wirklich kennenlernen willst, mußt du es so lesen. Du mußt es von Anfang bis Ende durchlesen. Dann wirst du mit ihm vertraut. Lies es, sage ich, wie du einen Brief lesen würdest.

Gebet

Wenn du Gottes Wort liest, redet Gott mit dir. Wenn du betest, redest du mit Ihm. Wenn ich eine Zeitlang in der Bibel gelesen habe, wende ich mich dem Gebet zu, und so halte ich meine Morgenwache. Richtungweisend für mein Gebet in Verbindung mit der Morgenwache ist mir der Vers: „Herr, frühe wollest du meine Stimme hören; frühe will ich mich rüsten und aufmerken" (Ps. 5, 4).

Dem Gebet stellen sich nun drei Hindernisse in den Weg, drei Feinde, mit denen wir fertigwerden müssen. Wenn du natürlich nur morgens rasch neben deinem Bett auf die Knie fällst, ein paar Worte des Gebets vor dich hinmurmelst und dann aufstehst und zur Arbeit eilst, dann wirst du nicht wissen, wovon ich spreche. Oder wenn du abends heimkommst, ein paar Worte des Gebets vor dich hinmurmelst und dann ins Bett fällst, dann wirst du auch nicht wissen, was ich meine. Ich spreche vom Gebet, vom wirklichen Gebet, vom fürsprechenden Gebet, vom Gebet, das seinen Sinn erfüllt. Ich sagte, es gibt drei Hindernisse.

1. Unterbrechungen

Hast du es schon einmal erlebt, daß das Telefon klingelte, wenn du beim Beten warst? Oder hat das Baby geschrien? Oder haben Freunde dich besucht? Bist du sonst irgendwie unterbrochen worden? Der Teufel weiß genau, wann er die Unterbrechungen schicken muß. Wenn er dich beim Gebet unterbrechen kann, dann wird er die Kraft deines Gebetsdienstes vernichten.

Wie gehe ich nun Unterbrechungen aus dem Wege? Ich fand heraus, daß ich eine bestimmte Zeit und einen bestimmten Ort zum Gebet haben mußte. Wenn ich zu Hause bin, mache ich, wie schon erwähnt, mein Studierzimmer zum Ort meines Gebets, und ich mache die erste Morgenstunde direkt nach dem Frühstück zur Zeit meines Gebets. Jeder weiß, wann ich bete, und deshalb werden Störungen vermieden. Auch du wirst einen Ort und eine Zeit zum Gebet brauchen. Wenn ich den Ozean überquere, suche ich mir die abgeschiedenste Stelle an Deck aus, die ich finden kann, und mache sie zum Ort meines Gebets. Wenn ich im Sommer auf einer Konferenz bin, gehe ich in den Wald hinaus und suche mir unter den Bäumen eine Stelle zum Gebet. Ich gehe dann Morgen für Morgen zum selben Ort.

Laß dir sagen, daß dein Gebetsort dir so heilig werden wird, daß du an ihn als einen heiligen Boden denkst. Ich habe die Wände meines Studierzimmers mit dem Atem meines Gebets gezeichnet. Ich gehe immer an denselben Ort, wenn ich bete, und dort begegnet mir Gott. Hast du eine bestimmte Zeit zum Gebet? Du wählst vielleicht nicht den Morgen. Vielleicht paßt dir eine andere Tageszeit besser. Ich jedenfalls habe mir den Morgen erwählt, und wenn ich meine Morgenwache halte, wobei ich einen bestimmten Ort und eine bestimmte Zeit zum Gebet habe, dann kann ich Unterbrechungen aus dem Wege gehen.

2. Schläfrigkeit

Bist du schon manchmal schläfrig geworden, wenn du gebetet hast? Du weißt, was ich meine. Du kniest nieder, stützt den Kopf in die Hände, schließt die Augen und versuchst zu beten. Bald wirst du schläfrig, und manchmal schläfst du sogar ein. Schläfrigkeit hindert also dein Gebetsleben. Dein Körper ist schlaff und müde. Du bist erschöpft und kannst dich einfach nicht wachhalten.

Wie habe ich die Schläfrigkeit überwunden? Ich will es dir sagen. Ich bete nie auf den Knien. Ich stehe oder sitze nie. Ich meine natürlich, wenn ich allein bin, wenn ich meine Morgenwache halte. Was tue ich also? Ich gehe immer, wenn ich bete. Ich räume die Möbel aus der Mitte des Zimmers, und dann wandere ich hin und her, während ich mit Gott rede. Ich bin durch all die Jahre hindurch schon Hunderte von Meilen gewandert, wenn ich gebetet habe. Ich begann damit gleich zu Anfang meines Christenlebens und habe soviel Segen daraus geschöpft, daß ich es seither fortgesetzt habe. Ich meine, die beste Bewegung, die man sich verschaffen kann, ist die, zu gehen. Wenn ich nun gehe und dabei bete, bekomme ich soviel Bewegung und Übung wie ich brauche.

So werde ich nie schläfrig. Wenn ich auch nur für einen Augenblick einschlafen wollte, würde ich auf den Boden schlagen und sofort wieder aufwachen. Aber das ist noch nie geschehen. Wenn ich hin und her gehe, bin ich immer hellwach. Ich bin auf der Hut. Ich kann mit frischem Geist beten, und ich schlafe nie ein. Auch du kannst die Schläfrigkeit überwinden, wenn du gehst.

3. Umherschweifende Gedanken

Du weißt, was ich meine. Gerade, wenn du dich auf das Gebet konzentrieren willst, ertappst du dich dabei, daß du an die Zukunft denkst, Pläne schmiedest, Dinge arrangierst. So füllt der Teufel deinen Kopf mit wandernden Gedanken, und anstatt zu beten, denkst du nach. Wie kannst du diese Gedanken nun loswerden?

Ich bete immer laut. Während ich hin und her wandere, fasse ich meine Anliegen in Worte, und indem ich laut bete, vermeide ich wandernde Gedanken. Du siehst, ich muß mich auf das, was ich zu Gott sage, ebenso konzentrieren wie auf eine Predigt. Meine Gedanken wandern nicht umher, wenn ich auf der Kanzel stehe. Ich muß auf der Hut sein. Wenn du laut betest, wirst auch du merken, daß deine Gedanken dabei nicht wandern können.

Auch du wirst dich konzentrieren können, und wenn du deine Anliegen in Worte faßt, wirst du verständig beten können.

Wenn du zum Gebet niederkniest und still für dich zu Gott betest, dann scheint die Zeit lang. Wenn du deine Augen wieder öffnest, stellst du vielleicht fest, daß du nur fünf oder zehn Minuten lang gebetest hast. Diese Erfahrung habe ich wenigstens gemacht. Aber wenn du umhergehst und laut betest, dann wirst du merken, daß die Zeit so rasch verstreichen wird, daß du erstaunt sein wirst. Du wirst deine Augen öffnen und auf die Uhr sehen und merken, daß du eine halbe Stunde, eine dreiviertel Stunde oder sogar eine ganze Stunde gebetet hast. Wie lange bete ich? Ich bete solange, bis ich fertig gebetet habe. Ich bete, bis ich alle meine Probleme ausgesprochen habe, bis ich Gottes Stimme gehört habe. So wird das Beten zu einer unaussprechlichen Freude.

Dies also sind die drei Hindernisse für das Gebet — Unterbrechungen, Schläfrigkeit, umherschweifende Gedanken. Hast du sie überwunden, und bist du Gebetskrieger für Gott? Wenn nicht, dann kannst du es noch werden — wenn du meine Vorschläge befolgst.

So halte ich meine Morgenwache. Wenn du es noch nie getan hast, dann würde ich vorschlagen, daß du heute damit anfängst, und daß du nie wieder einen Tag vorüber gehen läßt, ohne dich mit Gott zu treffen. „Herr, frühe wollest du meine Stimme hören; frühe will ich mich rüsten und aufmerken."

Kapitel XVI

DAS LEBEN FÜR GOTT

Hast du Jesus Christus als deinen Retter angenommen? Sind deine Sünden vergeben? Gibt der Geist Gottes deinem Geist Zeugnis, daß du Gottes Kind geworden bist? (Röm. 8, 16). Bist du wiedergeboren worden, und willst du wirklich für Gott leben? Wenn das so ist, dann möchte ich dich bitten, die folgenden fünf Dinge zu tun:

1. *Sei deines Heiles sicher*

Wie kannst du wissen, daß du gerettet bist? Aus Gottes Wort. Das Blut macht dich sicher, und das Wort macht dich gewiß. „Solches habe ich euch geschrieben, auf daß ihr wisset, daß ihr das ewige Leben habt" (1. Joh. 5, 13). Nicht „auf daß ihr hofft" oder „ratet" oder „denkt", sondern „daß ihr wisset".

Es heißt nicht, „Dieses glückliche Gefühl habe ich euch gegeben", sondern „Solches habe ich euch geschrieben". Was heißt geschrieben? Dies: „Und wer zu mir kommt, den werde ich nicht hinausstoßen" (Joh. 6, 37). Bist du gekommen? Wo bist du dann? Draußen oder drinnen? Er sagt, Er wird dich nicht hinausstoßen. Dann muß Er dich hineingelassen haben. Wieder steht geschrieben: „Wie viele ihn aber aufnahmen, denen gab er Macht, Gottes Kinder zu werden" (Joh. 2, 12). Hast du ihn aufgenommen? Was bist du also? Sein Kind, nicht wahr?

Du siehst, auf Gottes Wort kommt es an. Deine Gefühle werden jeden Tag wechseln. Heute fühlst du dich vielleicht „gerettet"; morgen verloren. Aber nimm deine Gefühle nicht ernst. Nimm sein Wort ernst. Glaube, was Gott sagt. Glaube, was geschrieben steht. Gottes Wort ändert sich nie. „So kommt der Glaube aus der Predigt, das Predigen aber durch das Wort Christi" (Röm. 10, 17). Erst wenn du zu glauben wagst, gibt der Geist Zeugnis deinem Geist, daß du Gottes Kind bist. So wirst du deines Heils gewiß.

2. Stelle dich öffentlich auf die Seite Christi

Ich sage: öffentlich. Versuche nicht, ein heimlicher Gläubiger zu sein, denn das geht nicht. Entfalte deine Fahne und komm ins Freie heraus. Bekenne Christus bei jeder Gelegenheit. Sag anderen von Ihm. Verbirg dein Licht nicht. „Wer sich aber mein und meiner Worte schämt, dessen wird sich auch des Menschen Sohn schämen" (Mark. 8, 38). Wenn du willst, daß Er dich anerkennt, dann mußt du Ihn auch anerkennen. Wenn du rasch wachsen willst, dann bekenne Ihn öffentlich. Tu es sofort. Warte nicht. Beginne jetzt. Es gibt keinen Ersatz.

3. Wende dich von allem ab, das wissentlich Unrecht ist

Wenn Sein Geist in dir wohnt, wirst du von deinen Sünden befreit werden. „Denn der in euch ist, ist größer, als der in der Welt ist" (1. Joh. 4, 4). „Ist jemand in Christus, so ist er eine neue Kreatur; das Alte ist vergangen, siehe, es ist alles neu geworden" (2. Kor. 5, 17). Er gibt dir ein neues Wesen, ein Wesen, das Rechtschaffenheit liebt und Unrecht haßt. Der Heilige Geist ist sein Ermächtiger. Er macht dich frei. Du kannst jetzt überwinden. „Denn die Sünde wird nicht herrschen können über euch" (Röm. 6, 14).

Aber du mußt dich für die Rechtschaffenheit entscheiden und die Sünde hinter dir lassen. Dreh ihr den Rücken zu. Leg sie ab. Stell ihr deinen erneuerten Willen entgegen. „Hasset das Arge, hanget dem Gut an" (Röm. 12, 9). Jene dich immer wieder befallende Sünde – lauf ihr davon. Schlage jeden Kanaaniter tot. Zerstöre deinen Achan. Habe nichts mit der Sünde zu tun. „Wo ich Unrechtes vorhätte in meinem Herzen, so würde der Herr nicht hören" (Ps. 66, 18). Im Geschäft? – Gott wird dich befreien. Alles, was du zu tun hast, ist, die Verdienste des Blutes Christi und die Macht seines Namens zu bekennen. „So lasset nun die Sünde nicht herrschen in eurem sterblichen Leibe" (Röm. 6, 12). Komm gereinigt. Sei mit der Sünde fertig. „Gib der Versuchung nicht nach." „Laßt ab vom Bösen, lernet Gutes tun" (Jes. 1, 16–17).

4. Verbringe viel Zeit mit Bibelstudium und Gebet

Je mehr du die Bibel liest, desto mehr wirst du sie lesen wollen. Wenn du in der Gnade zunehmen willst, triff dich jeden Tag mit Gott. Besorge dir einen Ort und eine Stunde zum Gebet und zum Bibelstudium. Sei ein Bibel-Christ. Laß nie einen Tag vorübergehen, ohne mit Gott allein zusammengewesen zu sein. „Und seid begierig nach der vernünftigen lauteren Milch, wie die neugeborenen Kindlein, auf daß ihr durch dieselbe zunehmet zu eurem Heil" (1. Petr. 2, 2). „Wie wird ein Jüngling seinen Weg unsträflich gehen? Wenn er sich hält nach deinen Worten" (Ps. 119, 9). Wenn du das Wort vernachlässigst, wirst du rückfällig werden. Wenn du beten lernst, wirst du im christlichen Leben rasch vorankommen.

5. Beschäftige dich im Dienst Gottes

Der Teufel weiß immer Unfug, den er müßigen Händen zu tun geben kann. Deshalb suche dir selbst Beschäftigung. Verteile christliche Schriftteile. Schließ dich einer lebendigen, seelen-gewinnenden Kirche an. Warte nicht, bis man dich bittet, etwas zu tun. Bete darüber und beschäftige dich. Sing im Chor mit. Hilf in der Jugendarbeit. Geh zu den Gebetsversammlungen. Werde ein kirchlicher Ratgeber. Unterrichte eine Klasse in der Sonntagsschule. Geh zu Straßenversammlungen. Besuche die Armen, Kranken, Eingesperrten. Leg dein Zeugnis ab. Stelle das Erste an die erste Stelle.

Tu etwas, aber vermeide kalte, formale, modernistische Kirchen. Geh dorthin, wo das Evangelium gepredigt wird und zur Bekehrung eingeladen wird. Geselle dich geistlichen Leuten zu, Leuten mit einem Zeugnis, Leuten, die beten können, Leuten, die gerne geistliche Lieder singen.

Habe nichts mit weltlichen Kirchen zu tun, in denen der Spielraum den Gebetsraum ersetzt und es keine Trennung gibt. Geh dorthin, wo Menschen bekehrt werden und wo die Botschaft lautet: „Du mußt wiedergeboren werden." Kümmere dich nicht um die Konfession. Wenn du eine geistliche, seelen-gewinnende, missionarische Kirche finden kannst, dann hast du genau, was du brauchst.

Das ist alles, mein Freund; ich brauche nicht mehr zu sagen. Wenn du deiner Rettung sicher bist, wenn du öffentlich für Christus stehst, wenn du dich von allem abwendest, von dem du weißt, daß es Unrecht ist, wenn du viel Zeit mit Gebet und Bibelstunden verbringst, und wenn du dich im Dienst Gottes beschäftigst, dann wirst du recht tun. Du wirst ein strahlender und froher Christ sein; Gott wird dich in seinem Dienst gebrauchen, und du wirst ein Segen sein, wo du auch immer hingehst.

Kapitel XVII

WAS GESCHIEHT, WENN EIN CHRIST SÜNDIGT

Was geschieht, wenn ein Christ sündigt? Ist er dann für immer verloren? Stößt Gott ihn hinaus, oder ist er immer noch Gottes Kind? Wenn ja, wie verfährt Gott dann mit ihm? Sechs Dinge will ich als Antwort auf diese Frage sagen:

1. Der Christ praktiziert die Sünde nicht

Er praktiziert die Gerechtigkeit. Er lebt ein rechtschaffenes Leben. In 1. Joh. 3, 6, 8 und 9 finden wir folgende Worte: „Wer in ihm bleibt, der sündigt nicht; wer da sündigt, der hat ihn nicht gesehen noch erkannt . . . Wer Sünde tut, der ist vom Teufel; . . . Wer aus Gott geboren ist, der tut nicht Sünde, denn was er von Gott empfangen hat, das bleibt in ihm; und kann nicht sündigen, denn er ist von Gott geboren. Daran wird es offenbar, welche die Kinder Gottes sind."

Diese Worte sind im Präsens geschrieben. Es heißt „sündigt nicht" oder „tut nicht Sünde". Das Kind Gottes praktiziert die Sünde nicht. Es lebt nicht in der Sünde. Es gibt nicht immer wieder der Sünde nach. Die Ausübung der Sünde charakterisiert sein Leben nicht. In anderen Worten, er hält nicht an der Sünde fest. Wenn er das tut, dann ist er nicht aus Gott geboren. Er gehört dann immer noch dem Teufel an.

2. Aber er kann in Sünde fallen

„Meine Kindlein, solches schreibe ich euch, auf daß ihr nicht sündigt. Und ob jemand sündigt, so haben wir einen Fürsprecher bei dem Vater, Jesus Christus, der gerecht ist. Und derselbe ist die Versöhnung für unsere Sünden" (1. Joh. 2; 1-2).

Es ist also klar, daß der Christ nicht sündigen muß. Es ist nicht nötig, daß er bewußt oder absichtlich Sünde tut. Er kann von der Sünde befreit werden und braucht nicht in die Sünde zu fallen. „Solches schreibe ich euch, auf daß ihr nicht sündigt."

Auf der anderen Seite gibt es aber eine Versöhnung für den Christen, der doch sündigt. Gott sagt: „Ob jemand sündigt", und daraus geht deutlich hervor, daß ein Christ sündigen kann. Er kann in die Sünde fallen, wenn es auch nicht normal für sein Leben ist. Er ist wie eine Kompaß-Nadel. Die Nadel zeigt immer nach Norden, aber es ist möglich, daß irgend etwas sie einmal ablenkt und sie einen Augenblick lang in eine andere Richtung zeigt; aber — und das ist unvermeidlich — sie wird wieder zurückschwingen und aufs neue gen Norden zeigen. So ist es auch mit dem Christen. Er praktiziert die Sünde nicht, er braucht nicht zu sündigen. Andererseits kann er aber in die Sünde fallen. Wenn er das tut, hat er einen Fürsprecher, den Herrn Jesus Christus. Er wird zum Thron der Gnade Gottes, zur Versöhnung. Seine Sünde kann vergeben werden.

Es ist wie mit dem Schaf und der Sau. Da ist zum Beispiel eine schmutzige Pfütze. Das Schaf kommt zu nah heran und fällt plötzlich hinein. Die Sau muß nicht hineinfallen. Sobald sie aber die schmutzige Pfütze sieht, läuft sie geradewegs auf sie zu und watet freiwillig hinein. Aber was geschieht jetzt? Das Schaf krabbelt sofort wieder heraus, und wenn es draußen ist, entfernt es sich so weit wie möglich von der Pfütze. Es bleibt nicht im Schlamm. Die Sau aber bleibt in der Pfütze. Sie macht keinerlei Anstrengung herauszukommen. Sie befindet sich in ihrer natürlichen Umgebung. Sie liebt den Schlamm.

So ist es auch mit dem Gläubigen. Er ist wie das Schaf. Er mag unerwartet hineinfallen, aber er krabbelt augenblicklich wieder heraus. Er bekennt seine Sünde und wendet sich wieder Gott zu. Er möchte in dem kostbaren Blut gereinigt werden. Wenn er draußen ist, entfernt er sich sofort von der schmutzigen Pfütze. Das Schaf handelt so, weil es ein Schaf ist.

Der nicht erlöste Mensch wälzt sich, wie die Sau, im Schmutz. Er liebt ihn. Er ist sein natürliches Element. Er sucht ihn und läßt sich darin nieder. Er bleibt im Schmutz der Sünde. Die Sau bleibt im Schlamm, weil sie eine Sau ist. Es ist ihre Natur. So ist es auch mit dem Sünder. So kann man ein Schaf von einer Sau unterscheiden, und so kann man ein Gotteskind von einem Teufelskind unterscheiden. Beide fallen vielleicht hinein, aber nur eines bleibt darin. Der Christ praktiziert die Sünde nicht. Er bleibt nicht in der schmutzigen Pfütze. Die Sau aber tut es, und ebenso auch der Sünder. Nicht die Tatsache, daß man „hineinfällt", zeigt, daß man ungläubig ist, sondern die Tatsache, daß man darin bleibt. Der Sünder praktiziert die Sünde. Er lebt in der Sünde. Er hat Freude an der Sünde. Der Christ aber verabscheut die Sünde und wendet sich von ihr ab, selbst wenn er ihr in seiner Schwachheit einmal nachgibt.

3. Wenn er sündigt, wird Gott ihn nicht enterben und hinausstoßen

In Joh. 6, 37 heißt es: „Wer zu mir kommt, den werde ich nicht hinausstoßen." Gott wird ihn niemals enterben. Er wird mit ihm umgehen wie mit einem Sohn. Wie geht denn ein Vater mit einem Sohn um? Wir wollen sehen, was Gott darüber zu sagen hat. Im Psalm 89 lesen wir von Vers 31–35:

„Wo aber seine Kinder mein Gesetz verlassen und in meinen Rechten nicht wandeln, so sie meine Ordnungen entheiligen und meine Gebote nicht halten, so will ich ihre Sünde mit der Rute heimsuchen und ihre Missetat mit Plagen; aber meine Gnade will ich nicht von ihm wenden und meine Wahrheit nicht lassen trügen. Ich will meinen Bund nicht entheiligen und nicht ändern, was aus meinem Munde gegangen ist."

Was wird Gott tun, wenn seine Kinder sein Gesetz verlassen und nicht in seinen Rechten wandeln? Wenn sie seine Ordnungen entheiligen und seine Gebote nicht halten? Wird er seinen Bund mit ihnen brechen? Wird er ändern, was aus seinem Munde gegangen ist? Keineswegs. Gott sagt, er wird sie züchtigen. Er wird sie bestrafen. Er wird ihre Sünde mit der Rute heimsuchen und ihre Missetat mit Plagen. Er wird seine liebende Freundlichkeit aber nie von ihnen wenden. Seine Treue wird nie brechen. Aber er wird sie richten, wie ein Vater seine Kinder richtet.

Was tut ein Vater, wenn seine Kinder ihm nicht gehorchen? Er züchtigt sie, nicht wahr? Sie müssen ihre Strafe hinnehmen, und die Strafe hat den Zweck, sie zu bessern. Er möchte sie zurückgewinnen und wendet daher die Rute an. Gott will dasselbe. Die Strafe ist vielleicht streng, sehr streng. Wenn Gott züchtigt, das ist Leiden. Aber genau wie ein Vater züchtigt und bestraft, genau wie ein Vater eine Tracht Prügel austeilt, wenn es nötig ist, so wird Gott auch seine Kinder züchtigen. Kein Vater würde seinem Sohn die Türe weisen und ihm sagen, er solle hinausgehen und nie wiederkommen. Er ist immer noch sein Kind. Er ist immer noch in der Familie. Deshalb bessert er ihn durch die Züchtigung. Gott tut dasselbe.

Dieselbe Wahrheit finden wir in 2. Samuel 7, 14–15: „Ich will sein Vater sein, und er soll mein Sohn sein. Wenn er eine Missetat tut, will ich ihn mit Menschenruten und mit der Menschenkinder Schlägen bestrafen; aber meine Barmherzigkeit soll nicht von ihm entwandt werden."

So, siehst du, ist Gott unser Vater, und wir sind seine Kinder. Wenn wir Unrecht begehen, züchtigt er uns. Er gebraucht die Rute. Wir müssen die Schläge hinnehmen. Aber wenn er straft, nimmt er seine Barmherzigkeit nicht von uns. Wir sind immer noch seine Kinder. Wir sind immer noch in der Familie, und er behandelt uns als Mitglieder seiner Familie.

4. Die Gemeinschaft wird gebrochen, aber die Buße stellt sie wieder her

In 1. Joh. 1, 9 lesen wir folgende Worte:

„Wenn wir aber unsere Sünden bekennen, so ist er treu und gerecht, daß er uns die Sünden vergibt und reinigt uns von aller Untugend."

In dem Augenblick, in dem wir sündigen, wird die Gemeinschaft zerbrochen. Wir stehen nicht mehr in Verbindung. Die Sünde ist dazwischen getreten. Wenn ein Kind seinem Vater nicht gehorcht, dann hat es keine Gemeinschaft mehr mit seinem Vater, und wenn es die Gemeinschaft wiederherstellen will, muß es seinen Ungehorsam bekennen und um Vergebung bitten. Dann, und nur dann, ist eine Versöhnung möglich.

Viele Gotteskinder sind, fürchte ich, nicht mehr in der Gemeinschaft mit Ihm. Sie haben keine Freude und keinen Frieden, und zwar einfach weil sie im Ungehorsam leben. Sie handeln nicht nach Gottes Willen. Sie haben Gott verfehlt. Sie haben gegen ihn gesündigt. Sie haben übertreten. Er wartet darauf, daß sie ihr Versagen bekennen, damit er die Gemeinschaft wiederherstellen kann. Solange die Gemeinschaft unterbrochen ist, kann das Gebet nicht erhört werden. Sie kann nur durch Bekenntnis und Vergebung wiederhergestellt werden. Aber sobald wir unsere Sünden bekennen, vergibt er uns. „Und das Blut Jesu Christi, des Sohnes Gottes, reinigt uns von aller Untugend" (1. Joh. 1,7). Denk aber daran, daß nicht dem Sünder gesagt wird, er solle seine Sünden bekennen. Alles, was dieser zu tun hat, ist, zu bekennen, daß er ein Sünder ist, so wie der Zöllner, der ausrief: „Gott, sei mir Sünder gnädig!" Der Christ aber muß seine Sünden bekennen.

Er ist vom Weg abgekommen. Er muß wieder zurückfinden. Er kann das nur erreichen, indem er seinen Fehler zugibt und umkehrt. Wenn zwei zusammen gehen und einer davonwandert, ist ihre Gemeinschaft unterbrochen. Der eine, der davongewandert ist, wird zurückkehren müssen, wenn die Gemeinschaft wiederhergestellt werden soll. Das ist vielleicht der Grund, warum du so unglücklich bist. Du hast keine Gemeinschaft mehr mit Gott. Du bist sein Kind, aber die Verbindung ist unterbrochen. Die Gemeinschaft ist zerbrochen worden.

5. So richtet sich der Christ selbst, wenn nicht, wird er von Gott gerichtet werden

Schlag nun bitte 1. Kor. 11, 27–32 auf:

„Welcher nun unwürdig von diesem Brot isset oder von dem Kelch des Herrn trinket, der ist schuldig an dem Leib und Blut des Herrn. Der Mensch prüfe aber sich selbst, und so esse er von diesem Brot und trinke von diesem Kelch. Denn welcher also isset und trinket, daß er nicht unterscheidet den Leib des Herrn, der isset und trinket sich selber zum Gericht. Darum sind auch viele Schwache und Kranke unter euch, und ein gut Teil sind entschlafen. Wenn wir uns selber richteten, so würden wir nicht gerichtet. Wenn wir aber von dem Herrn gerichtet werden, so werden wir gezüchtigt, auf daß wir nicht samt der Welt verdammt werden."

Unwürdig essen heißt, essen, ohne die Sünde bekannt zu haben, deren sich der Gläubige schuldig gemacht hat. Sie muß bekannt und abgetan werden. Der Vereinigung mit Ihm muß Reinigung und Vergebung vorausgehen. Gott sagt dem Gläubigen, er solle sich selbst prüfen. In anderen Worten, sich selbst richten. Das heißt gar nichts anderes als: einsehen, zugeben, bekennen, mit dem Herrn darüber sprechen und so weit wie irgend möglich wieder gutzumachen suchen. Falls er es nicht tut, sagt Er dann, ißt und trinkt er sich selber zum Gericht. Das heißt, er wird gezüchtigt werden.

Deshalb sagt Gott nun, daß viele Schwache und Kranke unter seinen Kindern seien. Einige, so stellte Er fest, sind sogar entschlafen. Ich sage nicht, daß jede Krankheit von der

Sünde verursacht wird. Bei weitem nicht! Aber es ist möglich, daß Schwachheit und Krankheit das Ergebnis der nicht gestandenen Schuld sind. Vielleicht hast du deshalb deine Stelle verloren. Gott beschäftigt sich mit dir. Er richtet dich. Du wirst gezüchtigt. Er will, daß du wieder in die Gemeinschaft, in die Verbindung mit ihm zurückgebracht wirst. Wenn er sieht, daß du deine Sünde nicht bekennen willst und daß du Ihn immer noch entehren und entwürdigen wirst, dann nimmt er dir vielleicht gar das Leben. Wenn Er das tut, werden dir deine Übertretungen vor dem Richterstuhl Christi vorgehalten werden, und dort mußt du vielleicht alles verlieren. Er muß dich entweder jetzt oder später richten.

Nun sagt Er uns aber, daß wir – falls wir uns selbst richten, uns freiwillig seinem Urteil unterstellen – nicht gerichtet werden sollen. Das heißt, wenn wir unsere Sünde erkennen und bekennen und Vergebung erlangen, wird Gott uns nicht züchtigen müssen. Der einzige Weg, um der Züchtigung zu entgehen, ist der des Selbstrichtens. Wenn du das Unrecht nicht wieder recht machst, wird Gott mit dir abrechnen müssen. Wenn du dich selbst richtest, wird Er dich nicht richten müssen. Es gibt keinen anderen Weg, der Züchtigung zu entgehen, als den des Bekenntnisses, der Vergebung und der neuen Vereinigung mit Gott. Wenn ein Kind das tun würde, würde der Vater es nicht bestrafen, aber wenn das Kind sich weigert, die Dinge wieder ins reine zu bringen, dann muß der Vater züchtigen. Genau so ist es mit Gott.

Gott sagt sehr klar, daß er uns züchtigt, wenn er uns richtet. So ist sein Gericht. Und der Grund, warum er uns züchtigt, ist der, daß wir seine Kinder sind und er uns nicht mit der Welt verdammen will. Er will, daß wir gerettet werden. Wenn wir aber seine Kinder sind, dann behandelt er uns auch so. Wir müssen die Züchtigung Gottes also erdulden. Vielleicht leidest du deshalb gerade jetzt. Gott richtet dich, Gott züchtigt dich, und du kannst dich seiner Züchtigung nur dadurch entziehen, daß du deine Sünde bekennst und mit ihm ins reine kommst.

6. Wenn wir im Lichte wandeln, werden wir täglich gereinigt

In 1. Joh. 1,7 lesen wir: „Wenn wir aber im Licht wandeln, wie er im Licht ist, so haben wir Gemeinschaft untereinander, und das Blut Jesu Christi, seines Sohnes, macht uns rein von aller Sünde." Wir wandeln im Licht, indem wir Gott gehorchen, uns von allem Unrechten abwenden und im Zentrum des göttlichen Willens leben. Wenn wir uns der Sünde zuwenden, wandeln wir nicht im Licht, weil wir wissen, daß die Sünde Unrecht ist. Der Mensch, der nun im Licht wandelt, wird täglich von seiner Sünde gereinigt.

Ich war immer der Meinung, daß ich Gott für die letzte Sünde, die ich begangen hatte, um Vergebung bitten müßte, um rein zu sein. Dann entdeckte ich eines Tages, daß Gott bereits für die tägliche Reinigung gesorgt hat. Wenn ich im Lichte wandle und für Gott lebe, dann werde ich Tag und Nacht gereinigt, ob ich wache oder schlafe. Das Blut Jesu Christi reinigt mich laufend von aller Sünde, so daß ich immer bereit bin, Gott entgegenzutreten.

Du weißt, Jesus wollte Petrus die Füße waschen. Petrus weigerte sich, und Jesus sagte ihm, er könne keinen Teil an ihm haben, wenn er sich nicht von Ihm die Füße waschen ließe. Daraufhin wollte Petrus ganz gewaschen werden. Mit anderen Worten, er wollte ein Vollbad. Aber Jesus sagte ihm, daß er, wenn er schon ein Bad gehabt habe – mit anderen Worten, wenn er bekehrt worden, wenn er gerettet worden sei – nicht noch einmal ganz gewaschen werden müsse. Er brauchte nicht noch ein Vollbad. Aber seine Füße wurden beschmutzt, da sie dauernd mit dem Straßenstaub in Berührung kamen, und deshalb mußten sie gereinigt werden. Aus diesem Grunde bestand Jesus darauf, dem Petrus die Füße zu waschen.

Du bist gerettet worden, du hast ein Vollbad gehabt, du bist wiedergeboren, du bist Gottes Kind. Aber du lebst in täglichem Kontakt mit der Welt, und solange das so ist – solange du in deinem Leib bist –, wird es Schmutz und Flecken geben, ob du sie siehst oder nicht, und du wirst einer dauernden Reinigung bedürfen. Gott hat vorgesorgt. Das Blut Jesu Christi, seines Sohnes, reinigt dich laufend von aller Sünde. Das heißt, falls du im Lichte lebst. Wenn du tust, was recht ist, und dich von allem fernhältst, von dem du weißt, daß es unrecht ist.

Ich bitte dich also, wende dich Gott zu, sobald du sündigst. Du brauchtest nicht zu sündigen, aber du wirst sündigen. Wenn du gesündigt hast, dann tue sofort Buße, wenn du Gottes Kind bist, und bitte um Vergebung. Die Gemeinschaft ist gebrochen, die Verbindung unterbrochen worden. Wenn du aber deine Sünde bekennst und dich im Blut reinigen läßt, wird die Verbindung wiederhergestellt, und du bist wieder in Gemeinschaft mit dem Herrn Jesu Christus. Du hast dich jetzt selbst gerichtet. Gott wird dich nicht mehr richten müssen. Wenn du dich weigerst, dich selbst zu richten, dann wirst du dich dem Gericht Gottes stellen müssen. Wenn du andererseits im Licht wandelst, wird das Blut Jesu Christi dich dauernd von aller Sünde reinigen.

Das also geschieht, wenn ein Christ sündigt. Ich bin so froh, daß Gott vorgesorgt hat, daß er von der Möglichkeit der Sünde weiß, und daß er – anstatt uns hinauszustoßen und uns zu enterben, wenn wir fehlen – uns als Kinder, als Mitglieder seiner Familie behandelt. Wir können Vergebung erlangen und wieder in die Gemeinschaft zurückgeführt werden, und wir können wieder mit Gott leben. Nur dann werden wir uns freuen. Nur dann wird sein Frieden in unseren Herzen wohnen. Nur dann werden wir untereinander und mit Jesus Christus Gemeinschaft haben.

Kapitel XVIII

DAS SIEGREICHE LEBEN

Hast du Jesus Christus als deinen Sieger angenommen, und lebst du ein siegreiches christliches Leben? In 1. Kor. 15, 57 lesen wir: „Gott aber sei Dank, der uns den Sieg gegeben hat durch unsern Herrn Jesus Christus." Bist du ein Sieger?

Die traurigste Erfahrung im christlichen Leben ist die Gegenwart und Macht der Sünde. Heute auf dem Gipfel des Berges und morgen im tiefsten Tal, heute in Römer 8 und morgen zurück in Römer 7, heute im Gelobten Land und morgen wieder in der Wildnis, heute siegreich und morgen geschlagen — das, sage ich, ist die traurigste Erfahrung, die ich kenne.

Gott hat in unmißverständlichen Worten gesagt: „Die Sünde soll nicht die Herrschaft haben" (Röm. 3, 14). Als Paulus am Ende jenes schrecklichen 7. Kapitels des Römerbriefes angstvoll ausruft: „Ich elender Mensch, wer wird mich erretten?" kommt die Antwort wie von einer himmlischen Stimme: „Ich danke Gott . . . Jesus Christus unser Herr".

Zwei Klassen von Sünden

Es gibt nur zwei Klassen von Sünden, die uns Menschen bekannt sind. Man könnte sie als „äußere" und „innere" Sünden bezeichnen. Unter äußeren Sünden verstehe ich die Sünden, die uns allen mehr oder weniger vertraut sind, Sünden wie Mord, Trunkenheit, Ehebruch usw. Ich spreche nicht von den äußeren Sünden. Wenn du erlöst bist, dann bist du bereits von der äußeren Sünde frei. Wenn nicht, dann gibt es keinen Anhaltspunkt dafür, daß du jemals vom Tod ins Leben hinübergegangen bist.

Ich spreche vielmehr von den inneren Sünden. Damit meine ich Sünden, welche der Durchschnittschrist nicht einmal als solche bezeichnen würde. Ich meine Sünden wie Sorge, Angst, Unversöhnlichkeit, Haß, Groll, Bosheit, Zorn, Ärger, Eifersucht, unreine Gedanken — geheime Sünden, Sünden, die dem menschlichen Auge unsichtbar sind, und eine Menge andere, die sich immer wieder erheben und Anerkennung verlangen. Das sind die Sünden, von denen der Christ Befreiung erlangen muß.

Du hast eine alte Lieblingssünde. Du magst die meisten Sünden überwinden, denen du verfallen warst, aber da ist eine Sünde, die dir unaufhörlich auf den Fersen haftet. Mit eben dieser Sünde mußt du fertigwerden. Solange du ihr nachgibst, kann Gott dich nicht gebrauchen. „Wo ich Unrechtes vorhätte in meinem Herzen, so würde der Herr nicht hören." Er wird sich nicht einmal herabbeugen und dich anhören.

Sündenfreie Vollkommenheit und Unterdrückung

Ich spreche jetzt von der sündenfreien Vollkommenheit. Ich sage nichts von Verdrängung oder Unterdrückung der Sünde. Diese Ausdrücke findet man in der Bibel nicht, daher gebrauche ich sie nicht. Ich möchte tausendmal lieber im Kopf unrecht und im Herzen recht haben als im Kopf recht und im Herzen unrecht. Mir wäre es lieber, meine Praxis wäre richtig und meine Theorie falsch, als daß meine Theorie richtig und meine Praxis falsch wäre. Ich will ein Ergebnis haben. Ich möchte wissen, daß ich ein siegreicher Christ bin.

Immer wenn ich an Unterdrückung der Sünde denke, fällt mir die Geschichte einer alten Quäkerfrau ein. Sie stand einmal neben einer eben bekehrten Christin, als ihr eine schreckliche Anschuldigung entgegengeschleudert wurde. Sie lächelte ebenso freundlich weiter wie vorher. Nachher wandte sich die junge Christin ihr zu. „Hören Sie", sagte sie, „ich verstehe nicht, wie Sie bei einer derartigen Provokation ruhig bleiben konnten." Die alte Quäkerfrau lächelte immer noch, weil sie dachte, sie wüßte das Geheimnis des Sieges. Sie antwortete der jungen Christin: „Oh, aber Sie haben nicht gesehen, wie es in meinem Herzen kochte!"

Mein Freund, wenn es kocht, dann kocht es. Menschlich gesehen ist es schön und gut, wenn du dich beherrschen kannst; aber vor Gott könntest du auch ebensogut explodieren. Denn es spielt keine Rolle, ob du innerlich oder äußerlich kochst; wenn du kochst, dann kochst du eben. Gott kann es sehen. Und ob du nun innerlich oder äußerlich kochst — du hast auf jeden Fall den Sieg verloren; auch wenn es dir gelingt, es vor den Augen der anderen zu verbergen.

Ich denke an eine andere Geschichte. Zwei Jungen rangen miteinander. Der eine war groß, der andere klein. Zur allgemeinen Verwunderung zwang der kleine den großen nach einer Weile nach unten. Aber sobald er ihn unten hatte, setzte er sich rittlings auf ihn und blieb da sitzen. Die Umstehenden wunderten sich, warum er nicht aufstand und den großen laufen ließ. Nach einer Weile kam ein junger Mann dazu. „Hör mal, kleiner Mann", sagte er, „du hast den Ringkampf nun gewonnen, warum bleibst du denn da sitzen? Warum stehst du nicht auf und läßt ihn laufen?" Der kleine Bursche blickte mit schelmischem Gesicht auf und antwortete: „Oh, ich fühle schon, wie er hochkommt, Sir!" Er wußte sehr genau, daß er — sobald der Große hochkam — unterliegen könnte. Daher hielt er es für besser, fest sitzen zu bleiben und zu halten, was er hatte. „Ich fühle schon, wie er hochkommt, Sir." Hast du schon einmal gespürt, wie er „hochkam"? Oder rede ich einen fremden Dialekt, den du nicht verstehst?

Du weißt, was ich meine. Du hast gerade eine reizende Gesellschaft; du hast ein paar Christen in dein Heim eingeladen und willst einen guten Eindruck machen. Plötzlich tritt dir jemand auf den Zeh. Jemand sagt etwas hinter deinem

Rücken. Jemand kritisiert dich, und du merkst, wie etwas in dir hochkommt.

Weißt du, es ist etwas Schreckliches, wenn man sein ganzes Leben lang auf einem Überdruckventil sitzen muß. Überdruckventile haben es an sich, in unerwarteten Augenblicken Luft freizulassen. Ich bin so froh, daß ich Einen gefunden habe, der für mich auf das Überdruckventil aufpassen kann, während ich gehe und seine Arbeit tue. Jesus Christus kann dich von dem inneren Kochen freimachen, von dem, was in dir hochkommt.

Dr. A. B. Simpson, der große Gründer der Christian and Missionary Alliance, drückte es folgendermaßen aus: „Alles in Jesus und Jesus alles." Dieser kleine Vers ging um die Welt. Tausende und Abertausende, die versucht hatten, durch den Glauben an eine Lehre siegreich zu sein, merkten zuletzt, daß der Sieg nicht in einer Lehre, sondern in einer Person lag, und sie schritten aus der Niederlage heraus in den glorreichen, durch Blut erkauften Sieg. Andere, die glaubten, der Sieg sei in der Erfahrung zu finden, merkten ebenfalls, daß der Sieg in einer Person zu finden war, und auch sie schritten aus der Niederlage zum Sieg.

Alttestamentliche Beispiele

Im Alten Testament steht es sehr deutlich:

„Ihr werdet nicht streiten in dieser Sache. Tretet nur hin und sehet das Heil des Herrn, der mit euch ist, denn die Schlacht ist nicht euer, sondern Gottes."

Hast du schon einmal von so einer Schlacht gehört? Du siehst, Gott soll die Arbeit für dich tun. Die Schlacht ist nicht dein, sie ist sein. Ach, wenn ich doch jeden dazu bringen könnte, hinauszugehen und bei jedem Schritt zu sagen: „Die Schlacht ist nicht mein, die Schlacht ist des Herrn"! Dabei würde der Unterschied zwischen Niederlage und Sieg deutlich.

„Bist du für uns oder für unsere Feinde?" fragte Josua den Mann, der ihm bei Jericho gegenüberstand. Was antwortete der Mann? „Nein", sagte er, „sondern ich bin ein Fürst über das Heer des Herrn und bin jetzt gekommen." Was entgegnete Josua? Sagte er: „Sehr angenehm, mein Herr, ich schätze Ihr Angebot, aber ich brauche Ihre Hilfe wirklich nicht. Ich habe eine große, gut ausgerüstete Armee, mit der ich Jericho allein nehmen kann"? Hätte er das gesagt, wäre Jericho vielleicht nie eingenommen worden. Was sagte er also? „Was sagt mein Herr seinem Knecht?" Weißt du, was geschah? Die Heerscharen des Herrn, jene mächtigen, unsichtbaren Engel Gottes, wurden auf die Zinnen der Mauern gestellt, und mit einem einzigen mächtigen Stoß wurden diese umgeworfen.

Der Feldherr der Heerscharen des Herrn ist jetzt hier. Er sagt: „Du hast versagt. Jene deine Lieblingssünde hat dich überwältigt. Laß mich jetzt deinen Platz einnehmen. Laß mich deine Schlacht übernehmen. Laß mich dein Sieger sein. Ich will deinen Feind besiegen, und dann gebe ich dir das Verdienst für den Sieg."

Wäre das nicht wunderbar?

„Ich würde Jesus an die Tür schicken."

Da ist ein kleines Mädchen, das erst vor kurzem Jesus als seinen Herrn angenommen hat. „Kleines Mädchen", fragt der Lehrer, „wo ist Jesus jetzt?" Sie überlegt einen Augenblick, und dann blickt sie dem Lehrer mit strahlendem Lächeln ins Gesicht und antwortet: „Jesus ist in meinem Herzen, Herr Lehrer." „Ja", sagt der Lehrer, „Jesus ist in deinem Herzen. Was tust du nun, wenn morgen der Teufel kommt und an deine Herzenstür klopft?" Wieder überlegt sie. Endlich antwortet sie etwas, das nur sehr wenige reife Christen geantwortet hätten: „Herr Lehrer", sagt sie, „ich würde Jesus an die Tür schicken."

Nehmen wir an, es gelingt dir nicht, das Geheimnis des Sieges zu erfassen. Morgen kommt der Teufel und klopft an die Tür deines Herzens. Es ist deine alte Versuchung, deine Lieblingssünde. Rasch eilst du zur Tür. Der Teufel bückt sich und guckt durch das Schlüsselloch, und als er dich kommen sieht, lacht er in sich hinein. Schon manches Mal hat er dich nun erobert, und er weiß, er kann dich wieder erobern. Du machst die Tür nicht weit auf. Niemand sündigt so. Du öffnest nur ein ganz klein wenig, so daß du dich mit dem Teufel durch den Türspalt unterhalten kannst. Du drehst deine Versuchung wie einen süßen Bissen herum. Du meditierst darüber. Und da, bevor du merkst, was geschieht, stellt er seinen Fuß in den Türspalt. Er windet sich um ein paar Ecken herum, und dann ist er schließlich drin. Wieder einmal hast du verloren.

Nehmen wir an, du hast das Geheimnis des Sieges erfaßt. Wieder kommt der Teufel und klopft an deine Herzenstür. „Jesus! Jesus!" rufst du aus. „Ja, mein Kind, was ist los?" — „Jesus, das ist der Teufel, das ist meine alte Lieblingssünde." — „Ja, mein Kind, ich weiß", antwortet Jesus. „Was soll ich tun?" — „Jesus, willst du bitte zur Tür gehen? Willst du dem Teufel antworten?" — „Ja, mein Kind, bleib du nur ruhig hier sitzen und vertraue mir. Ich werde gehen und deinen Gegner abfertigen."

Jesus geht zur Tür. Wieder bückt sich der Teufel und guckt durch das Schlüsselloch. Diesmal sieht er den Sohn Gottes auf sich zukommen. Er weiß, daß Jesus ihn schon oft besiegt hat, und daß er ihn wieder besiegen kann. Jesus macht die Tür weit auf und tritt auf die Veranda hinaus. Ich zweifle, ob er den Teufel sehen kann, denn die ganze Straße ist voller Staub, so schnell ist er geflohen. Ruhig kehrt er zurück. „Mein Kind", sagt er, „du hast den Sieg errungen." „Ich habe den Sieg errungen, Herr? Was meinst du damit? Du hast den Sieg errungen!" — „Nein, mein Kind, du hast den Sieg errungen." – „Aber Herr, ich habe doch nichts getan. Ich bin nur hier gesessen und habe dir vertraut. Du hast den Sieg errungen." – „Ja, mein Kind. So werden wir beide in Zukunft deine Schlachten schlagen. Du wirst still sitzen und vertrauen. Ich werde hinausgehen und kämpfen. Dann werde ich zurückkommen und dir das Verdienst geben."

Ist das nicht eine herrliche Art zu kämpfen? Ist es nicht wunderbar, wenn man jemanden hat, der das Kämpfen für einen besorgt? Du weißt, du wirst nicht verwundet, wenn jemand anders deine Schlachten schlägt. Ich war sehr zart als Junge. Ich war nicht groß und robust und stark wie jetzt. Ich konnte nie für mich kämpfen. Immer wenn ich einen Kampf vorhatte, mußte ich einen größeren Jungen suchen und ihn bitten, den Kampf für mich auszufechten. Dann war alles, was ich zu tun hatte, still dazustehen und zuzusehen. Ich wurde nie besiegt. Ich wurde nie verletzt. Ich gewann die Schlacht immer. Das, sage ich, ist eine wundervolle Art zu kämpfen. Aber so wenige von uns sind bereit, auf diese Weise zu kämpfen. Die meisten von uns wollen für sich selbst kämpfen.

Paul Rader

Viele von euch haben sicher schon von dem großen amerikanischen Evangelisten Paul Rader gehört. Ich kannte ihn sehr, sehr gut. Oft rief er mich an und bat mich, nach Chicago zu kommen und in seiner großen Kirche zu predigen, wenn er irgendwo anders eine Evangelisation halten wollte. Viele Male stand ich vor seiner etwa dreitausendköpfigen Gemeinde und sah den Altar voller Männer und Frauen, die der Einladung folgten und nach vorne kamen. Oft lud ich ihn nach Toronto ein, wo er in meiner Kirche predigte.

Aber Paul Rader war nicht nur ein großer Evangelist, er war auch ein großer Boxer. Er focht dreiundreißig Kämpfe aus und wurde nicht ein einziges Mal k.o. geschlagen.

Einmal verbrachte ich einen Abend bei ihm, und meine Neugierde überwältigte mich. „Mr. Rader", sagte ich, „darf ich einmal Ihre Muskeln fühlen?" Er blickte mich erstaunt an, dann stand er auf, zog seinen Mantel aus, krempelte seine Ärmel hoch und sagte zu mir: „Fühlen Sie hier!" Ich fühlte seine Muskeln aus Stahl, und wenn ich jetzt davon rede, kann ich sie immer noch fühlen.

Nehmen wir an, er hätte zu mir gesagt: „Mein Freund, ich möchte Sie zu einem Kampf im Boxring fordern." Nehmen wir an, ich hätte geantwortet: „Gut, Mr. Rader, es wird mir ein Vergnügen sein." Während ich das sagte, wüßte ich aber sehr gut, daß er mich nicht einmal schlagen müßte. Er brauchte mich nur sanft zu tätscheln, und ich läge bewußtlos am Boden. Er würde mir nur einen kleinen Klaps geben, und ich würde Sterne sehen. Trotzdem nehme ich die Herausforderung an.

Sofort mache ich mich auf den Weg zu Jack Dempsey, dem früheren Champion im Schwergewicht. „Mr. Dempsey", sage ich, „ich habe einen Kampf angenommen, einen Kampf gegen Paul Rader, den Mann, der noch nie k.o. ging, und der vielleicht eines Tages Weltmeister im Schwergewicht wird. Wären Sie bereit, mir diesen Kampf abzunehmen? Wären Sie bereit, meinen Namen anzunehmen und an meiner Stelle mit Paul Rader zu boxen?" Mr. Dempsey antwortet: „Aber sicher. Ich werde Ihnen den Kampf mit Vergnügen abnehmen."

Nun, der große Abend, an dem der Kampf stattfindet, kommt heran. Ich lasse mich irgendwo im Zuschauerraum auf einem Sessel nieder. Ich war noch nie bei einer solchen Veranstaltung und werde es wohl auch nie sein, aber ich weiß, daß ich außerhalb des Rings sein würde. Jetzt sehe ich, wie die riesige Gestalt von Mr. Rader durch die Vorhänge auf der anderen Seite hereintritt, und wie ich seine stählernen Muskeln ansehe, bin ich froh, daß ich nicht im Ring bin. Dann blicke ich in die andere Richtung und sehe Mr. Dempsey herauskommen. Natürlich weiß hier niemand, daß der andere Boxer Mr. Dempsey ist. Jeder glaubt, Paul Raders Gegner sei Oswald J. Smith. Der Ringrichter belehrt die beiden Boxer, und der Kampf beginnt.

Plötzlich – zum größten Erstaunen der Zuschauer – führt Mr. Dempsey einen entscheidenden Schlag, und zum ersten Mal in seinem Leben geht Paul Rader zu Boden und wird ausgezählt. Dann hebt der Ringrichter den Arm des anderen hoch und ruft den versammelten Menschenmengen zu: „Oswald J. Smith hat gewonnen." Dann erscheinen überall in der Welt und in allen amerikanischen Zeitungen Schlagzeilen mit der Ankündigung: „Neuer Champion im Schwergewicht – Oswald J. Smith, zukünftiger Weltmeister im Schwergewicht!"

Hör zu, ich wäre ein Narr, wenn ich mit Paul Rader in den Ring ginge, denn ich hätte nicht die geringste Chance. Aber du bist noch ein größerer Narr, wenn du mit dem Teufel in den Ring gehst, denn du hast nicht einmal die Spur von einer Chance. Der Teufel ist schon über Jahrtausende an der Arbeit. Er kennt deinen schwächsten Punkt. Er weiß genau, wie er es anfangen muß, dich zu besiegen, und doch glaubst du, du könntest dich mit ihm einlassen.

Was solltest du tun? Du solltest genau das tun, was ich tun würde, wenn Paul Rader mich zu einem Kampf herausfordern würde. Du solltest dir einen Größeren und Stärkeren suchen. Und der einzige, von dem ich weiß, daß er stärker als der Satan ist, ist der Herr Jesus Christus. Wenn du herausgefordert wirst, solltest du zu Ihm gehen und Ihn bitten, für dich zu kämpfen. Er kann den Teufel schlagen. Du kannst siegreich sein, wenn er deine Schlachten schlägt.

Kann solch ein Leben gelebt werden?

Kann solch ein Leben gelebt werden? Laß es mich so ausdrücken: Hat Jesus Christus dich je eine Minute lang siegen lassen? Du sagst, ja. Nun, wenn er dich eine Minute lang siegen lassen kann, warum dann nicht einen Tag, einen Monat oder ein Jahr lang? Eine Straßenbahn braucht für einen Kilometer keinen anderen Strom als für zehn. Du bist keine Batterie. Gott lädt dich nicht auf und überläßt dich dir dann selbst. Du stehst in ständigem Kontakt mit einem Stromspender.

Solange Petrus auf Jesus schaute, wandelte er auf dem Wasser. Sobald er seine Augen von Jesus wegwandte, begann er zu sinken. Als er wieder auf Jesus schaute, wandelte er wieder. Solange das Eisen im Feuer liegt, ist Feuer im Eisen. Sobald du das Eisen aus dem Feuer herausnimmst, verläßt das Feuer das Eisen. Solange du in Verbindung mit Jesus Christus stehst, bist du siegreich.

Major Whittle las einmal das Lied „Ich brauch dich jede Stund". „Das würde mir nie ausreichen", sagte er. „Ich brauche Ihn jeden Augenblick." Und so setzte er sich hin und schrieb das herrliche Lied „Augenblick für Augenblick bin ich in seiner Lieb bewahrt". Nur wenn du Augenblick für Augenblick mit dem Herrn Jesus in Verbindung bleibst, wirst du ein siegreicher Christ sein. Es gibt keine Erfahrung, die dir ein Leben lang ausreichen würde.

Wie man es macht

Ich möchte, daß du einmal allein mit Gott zusammenkommst, alle deine vergangenen Sünden mit ihm durchgehst und ein ganzes und vollständiges Bekenntnis ablegst; denn er sagt: „Wenn wir unsere Sünden bekennen, so ist er treu und gerecht und vergibt uns unsere Sünden." Bekannte Sünde ist vergebene Sünde. Vergebene Sünde ist weggewaschen.

„Das Blut Jesu Christi, des Sohnes Gottes, reinigt uns von aller Sünde“ (1. Joh. 1, 7).

Nachdem du deine Sünden voll und ganz bekannt hast, nachdem du reingewaschen bist und dir vergeben ist, kannst du wagen, Jesus Christus als deinen Sieger anzunehmen. Vor Jahren nahmst du ihn als deinen Retter an. Du mußt dein Herz nun noch einmal weit öffnen und ihn als deinen Sieger annehmen.

Die Kinder Israel durchquerten nicht nur das Rote Meer; sie durchquerten auch den Jordan. Du hast vielleicht das Rote Meer durchquert. Du bist vielleicht bekehrt worden, aber hast du den Jordan auch schon durchquert? Hast du Jesus Christus als deinen Sieger angenommen? Du kannst in der Gnade wachsen, aber es muß einen Anfangspunkt geben. Du bekommst nichts, bevor du anfängst. Bei allem gibt es einen Anfang. Es muß einen Anfang für den Sieg geben. Es muß einen Augenblick geben, wo du aus der Niederlage zum Sieg schreitest, aus der Wildnis ins Gelobte Land.

Wenn es dir nicht gelingt?

Ich will dir jetzt etwas sehr Wichtiges sagen. Du wirst voller Erwartung dein siegreiches Leben beginnen, aber du wirst wieder scheitern, und dann wirst du entmutigt sein und wirst sagen: „Es geht nicht. Ich kann nicht siegreich sein.“

Mein Freund, hör zu. Hast du schon einmal gesehen, wenn ein kleines Kind laufen lernt? Ich habe es schon erlebt. Was geschieht? Nun, das Kind fällt hin. Und dann? Legt es sich auf den Boden und sagt: „Ach, es hat keinen Zweck. Ich sehe zwar die anderen gehen, aber ich selbst werde es nie lernen“? Nein, niemals. Es schreit tüchtig. Dann steht es sofort wieder auf und fängt wieder zu gehen an. Es fällt vielleicht noch einmal hin. Vielleicht ein halbes Dutzend Male. Aber schließlich kann es doch laufen.

Warum fiel das Kind nun hin? Weil seine Beinchen noch schwach waren. Sie mußten erst stark werden. So ist es auch mit dir. Deine geistlichen Beine sind schwach. Du läufst nicht schon jahrelang siegreich einher. Sei also nicht überrascht, wenn du am Anfang ein paarmal fällst. Laß dich nicht entmutigen. Du hast Jesus als deinen Sieger angenommen. Preise Ihn jetzt und sage Ihm, daß Er noch immer dein Sieger ist. Bekenne Gott dein Versagen. Bitte ihn um Vergebung. Sage ihm, daß du siegreich sein möchtest. Dann fang von neuem an.

Was wird geschehen? Zu deinem Erstaunen wirst du feststellen, daß du gar nicht mehr dahinstolperst. Du bist jetzt ein siegreicher Christ, weil Jesus sein Leben in dir lebt.

Du kannst kein siegreiches Leben führen

Denke daran, daß du noch nie ein siegreiches Leben geführt hast und auch nie ein siegreiches Leben führen kannst. Der einzige, der es kann, ist der Herr Jesus Christus. Was ist also das siegreiche Leben? Das siegreiche Leben ist das Leben des innewohnenden Christus. Er wohnt in der Kraft des Heiligen Geistes in dir, und von da lebt er sein Leben. Die Menschen sehen, wie ein siegreiches Leben geführt wird. Du weißt, daß du es nicht führst. Dir ist klar, daß Jesus Christus es in dir und durch dich lebt. Du kannst es nicht leben, aber er kann es. Daher läßt du Gott machen. Das ist das siegreiche Leben.

Ich habe Tausende von Orangenbäumen gesehen. Nie habe ich jedoch einen Orangenbaum sagen hören: „Ich habe solche Angst, ich könnte Holzäpfel anstatt Orangen tragen!" Er bringt ganz automatisch Orangen hervor. Er macht nie einen Fehler und bringt Holzäpfel hervor. Warum? Weil seine Wurzel, seine Zweige, seine Knospen neue Orangen wachsen lassen können. So ist es auch mit dir. Wenn Jesus Christus in seiner herrlichen Fülle in dir wohnt, dann wird das Ergebnis ein siegreiches Leben sein.

„Gott aber sei Dank, der uns den Sieg gegeben hat!" Wie? Durch unsere Anstrengung, unser Ringen, unser Bemühen? Nein. „Durch unsern Herrn Jesus Christus." Sieg durch einen andern. Sieg durch Christus. Der Sieg ist ein Geschenk. Du kannst ihn nicht verdienen. Christus schenkt ihn. Er kommt nicht durch deine Anstrengungen. Er kommt durch Ihn. Wenn du ein siegreicher Christ sein willst, dann wirst du Ihn als deinen Sieger aufnehmen müssen, dann mußt du Ihn in dir wohnen lassen, durch Gebet und Bibelstudium in ständiger Verbindung mit Ihm bleiben. Und wenn du so mit Ihm wandelst, wird er sich durch dich offenbaren. Das wird das siegreiche Leben sein.

Willst du es haben? Dann bekenne dein Versagen und nimm Christus als deinen Sieger an. Dann laß ihn sein glorreiches, siegreiches Leben in dir und durch dich leben. Willst du das tun? Dann tu es doch – JETZT.

In der gleichen Reihe ist erschienen:

Ernst Modersohn

Der Prophet Elia, Bd. 1

176 Seiten, ABCteam-Paperback Nr. 280

Es sah böse aus in Israel: König Ahab und die heidnische Isebel hatten den Baalskult zur offiziellen Staatsreligion erhoben. Die Verehrung Jahwes war bei Todesstrafe verboten. Und das Volk ließ sich einschüchtern.

Doch da tritt ein Mann auf, der dem Lauf der Dinge eine entscheidende Wende gibt: der Prophet Elia. Glaubensmutig verkündigt er eine dreieinhalbjährige Gerichtszeit: «Es soll diese Tage weder Tau noch Regen kommen, ich sage es denn!»

Wer war dieser Mann? Woher hatte er diese Vollmacht? Ernst Modersohn versteht es, den knappen biblischen Bericht vor uns lebendig werden zu lassen. Er zeigt auf, wie Elia zu dem Gottesmann wurde, als den wir ihn heute alle kennen. Er nimmt uns mit an den Hof Ahabs, an den Bach Krith, zur Witwe nach Zarpath. Schritt um Schritt läßt er uns teilnehmen an der «Tiefschule» Gottes, in der Elia heranreifte auf den Tag der Entscheidung, als auf dem Karmel Feuer vom Himmel fiel und das Volk erkannte: «Der Herr ist Gott, der Herr ist Gott!»

In einer Zeit, in der sehr viel über Methoden gesprochen wird, wie wir ein fruchtbares Leben führen können, hat dieses Buch Entscheidendes zu sagen. – Eine wahre Fundgrube praktischer Glaubens- und Lebenshilfen!

Brunnen Verlag · Basel und Gießen

Taschenbücher «Gestern gesagt – heute gefragt»:

Andrew Murray

Demut – Kleinod der Heiligen

Taschenbuch Nr. 1, 80 Seiten

Andrew Murray versucht hier dem Wesen wahrer Demut auf die Spur zu kommen. Was meinte Jesus damit, als er sagte: «Lernt von mir, denn ich bin demütig»? Was war das Geheimnis seiner tiefen Demut, die ihn befähigte, in der Hingabe für andere die Erfüllung seines Lebens zu finden?

Murray versteht es, uns zu zeigen, daß echte Demut eigentlich nichts anderes will, als in jene erfüllende Beziehung zurückzuführen, die wir als Geschöpfe zu unserem Gott haben dürfen.

Jakob Vetter

Das heilige Blut

Taschenbuch Nr. 2, 96 Seiten

Die Götter durch Opfer gnädig zu stimmen: Durch alle Zeiten hindurch hat eine seltsame Ahnung den schuldig gewordenen Menschen zu solchem Tun bewegt. Dem modernen Menschen hingegen erscheint solche Vorstellung von Blut und Opfer barbarisch und überholt – zu Recht?

Die Bibel spricht sehr viel von Blut und Opfer. Im Alten Bund durch Tieropfer bildhaft vorweggenommen und im Neuen Testament vollendet, erklärt sie Jesus Christus zu dem Opfer, das uns mit Gott versöhnt. Jakob Vetter, der Gründer der Deutschen und der Schweizerischen Zeltmission, geht hier in seelsorgerlicher Weise auf die verschiedenen Heilsaspekte des für uns vergossenen Blutes Jesu ein.

Brunnen Verlag · Basel und Gießen

Brunnen-Briefe

- greifen aktuelle Themen auf
- weisen hin auf Jesus Christus
- geben Glaubens- und Lebenshilfen

Die ansprechend gestalteten Heftchen eignen sich vorzüglich als Traktat, Briefbeilage oder als kleines Mitbringsel. Bisher sind erschienen:

B. Simpson	Jesus selbst	Nr. 1
Georg Müller	Die vier wichtigsten Fragen	Nr. 2
J. Hudson Taylor	Das verwandelte Leben	Nr. 3
Otto Stockmayer	Das Gebetsleben der Kinder Gottes	Nr. 4
Isobel Kuhn	Ja zu Gottes Weg	Nr. 5
Willi Wunderli	Kleine Seelsorgehilfe	Nr. 6
Fritz Binde	Vom Anarchisten zum Christen	Nr. 7
Stephen Menzies	Der größte Narr	Nr. 8
C. S. Lewis	Wenn nur «X» sich ändern würde!	Nr. 9
J. Hudson Taylor	Bleibe in Jesus!	Nr. 10
Otto Stockmayer	Der Blick auf Jesus	Nr. 11
Stephen Menzies	Die Geschichte eines Gemäldes	Nr. 12
Heinrich Spörri	Muß Krankheit sein?	Nr. 13
C. S. Lewis	Mensch oder Kaninchen?	Nr. 14
C. S. Lewis	Ein Wort zu Thema Nr. 1	Nr. 15
Jay Adams	Auch deine Probleme lassen sich lösen!	Nr. 16
C. S. Lewis	Das Gewicht der Herrlichkeit	Nr. 17
Johannes Schneider	Was ist Heiligung?	Nr. 18
Heinrich Spörri	Die Versiegelung mit dem Heiligen Geist	Nr. 19

Brunnen Verlag · Basel und Gießen